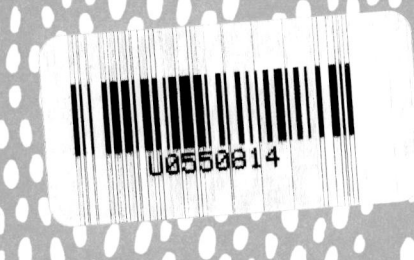

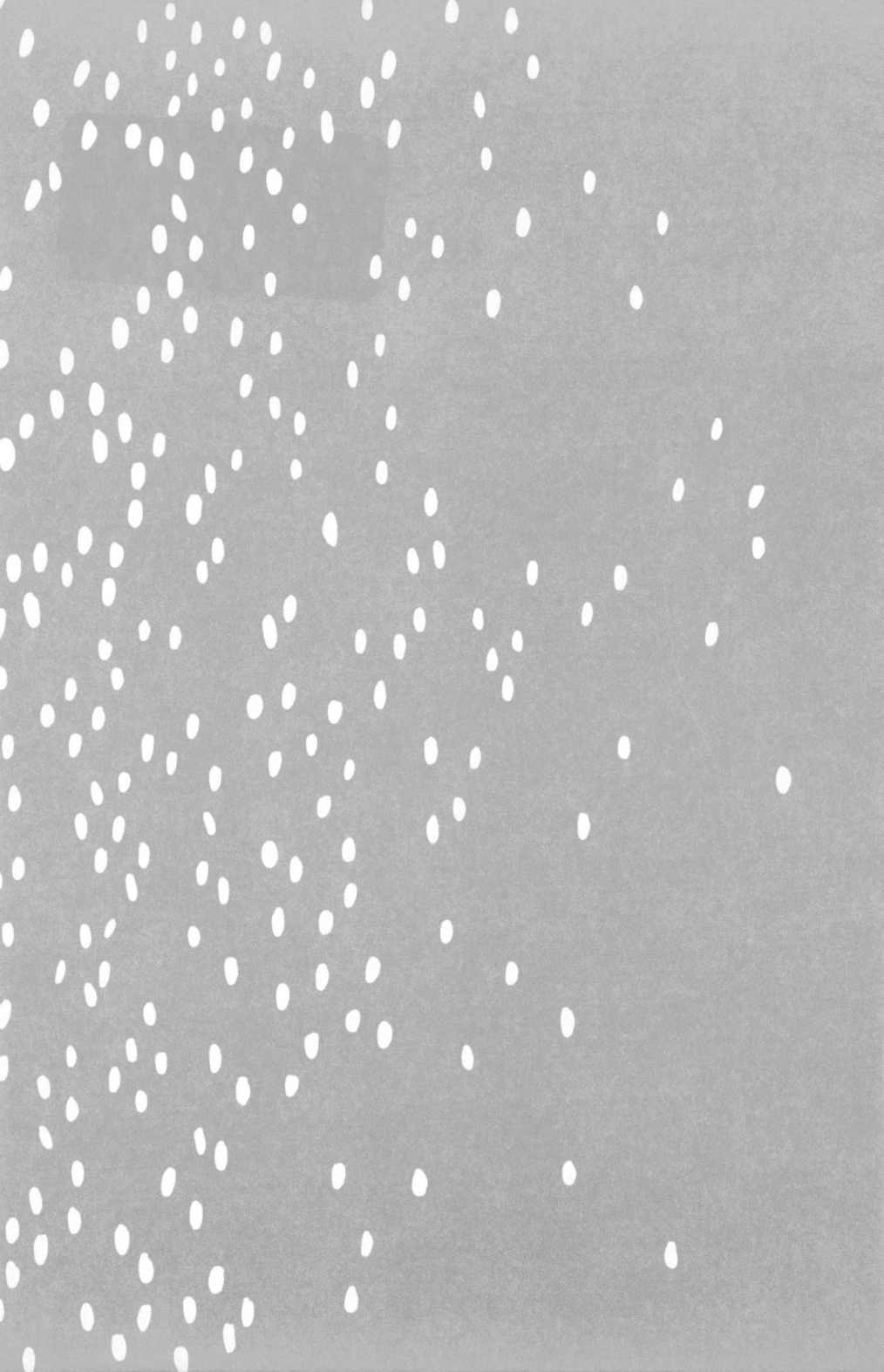

一切都是暫時的

死亡如何形塑我們的生命

EVERYTHING IS TEMPORARY

ILLUSTRATED CONTEMPLATIONS ON HOW DEATH SHAPES OUR LIVES

IRIS GOTTLIEB
艾瑞絲．葛特利柏——圖文
李昕彥——譯

〔juicy〕009

一切都是暫時的　死亡如何形塑我們的生命
Everything Is Temporary: Illustrated Contemplations on How Death Shapes Our Lives

圖文創作―艾瑞絲・葛特利柏（Iris Gottlieb）
譯　者―李昕彥
副總編輯―洪源鴻
責任編輯―洪源鴻
封面構成―薛偉成
內頁構成―虎稿・薛偉成

出　　行―二十張出版／遠足文化事業股份有限公司（讀書共和國出版集團）
發　　行―遠足文化事業股份有限公司
地　　址―新北市新店區民權路108-3號8樓
電　　話―02-22181417
傳　　真―02-22188057
客服專線―0800-221029
信　　箱―akker2022@gmail.com
Facebook―facebook.com/akker.fans
法律顧問―華洋法律事務所／蘇文生律師
印　　刷―呈靖彩藝有限公司
出　　版―二○二五年九月（初版一刷）
定　　價―四二○元

ISBN｜978-626-7662-95-3（平裝）978-626-7662-91-5（Epub）978-626-7662-92-2（PDF）

Everything Is Temporary: Illustrated Contemplations on How Death Shapes Our Lives
Copyright: © 2022 by Iris Gottlieb
This edition published by arrangement with TarcherPerigee, an imprint of Penguin Publishing Group, a division of Penguin Random House LLC.
Traditional Chinese edition copyright:
2025 Akker Publishing, an Imprint of Walkers Cultural Enterprise Ltd.
All rights reserved.

◎版權所有，翻印必究。本書如有缺頁、破損、裝訂錯誤，請寄回更換
◎歡迎團體訂購，另有優惠。請電洽業務部（02）22181417 分機 1124
◎本書言論內容，不代表本公司／出版集團之立場或意見，文責由作者自行承擔

國家圖書館出版品預行編目（CIP）資料

一切都是暫時的：死亡如何形塑我們的生命／艾瑞絲・葛特利柏（Iris Gottlieb）著；李昕彥譯／初版／新北市／二十張出版／遠足文化事業股份有限公司／2025.09
176 面；14.8x21 公分
譯自：Everything is temporary : illustrated contemplations on how death shapes our lives.
ISBN：978-626-7662-95-3（平裝）

1.CST｜生死觀　　2.CST｜死亡
197　　　　　　　114011226

獻給所有人，無論生者逝者，肉體或靈魂。

還有，一如往常，獻給邦妮 (BUNNY)。

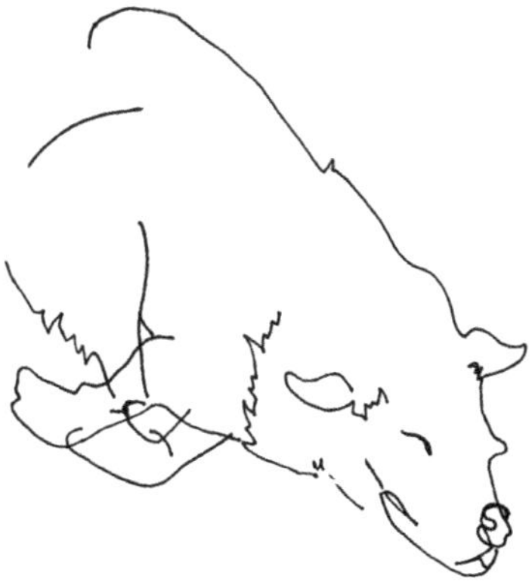

一個人的存在並非從出生的那一刻算起，
事實上，我們早就存在於祖先的基因之中。

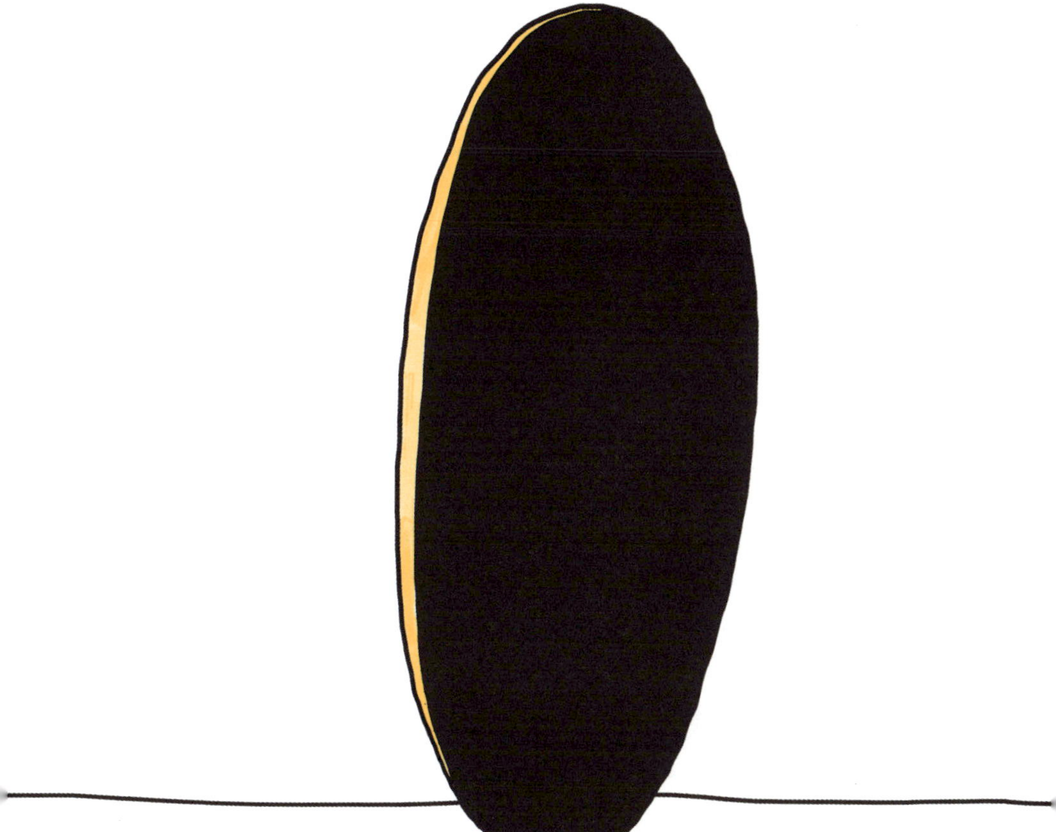

打從出生那一刻起，
我們的存在就是永恆的。

我們
都有恐懼，
都會害怕。

有些人抗拒思考
「死亡」這件事。

有些人則因為
太害怕死亡，
而無法好好生活。

有些人會為在世之人
築起小小的祭壇來慰藉自己。

如此一來，當這些人過世的時候，
我們還能保有他們曾經
存在於我們生命之中的痕跡。

像是整理伴侶在世時給予或製作的紀念品。

你已經在走向死亡。
自古皆然。

所有人都一樣。

「MEMENTO MORI」是拉丁語中的一個古老理論，
提醒世人，「勿忘你終有一死」。

人類歷史活動中保有一種習慣，
就是主動思考、接受、冥想，
以及活在我們終將一死的認知之中。

眾多文化與宗教都將死亡的認知視為正常的一部分，
也一直是我們的人生嚮導。
我們與死亡之間的關係越是慎重，
我們與生命之間的關係就越是深刻。

思考死亡

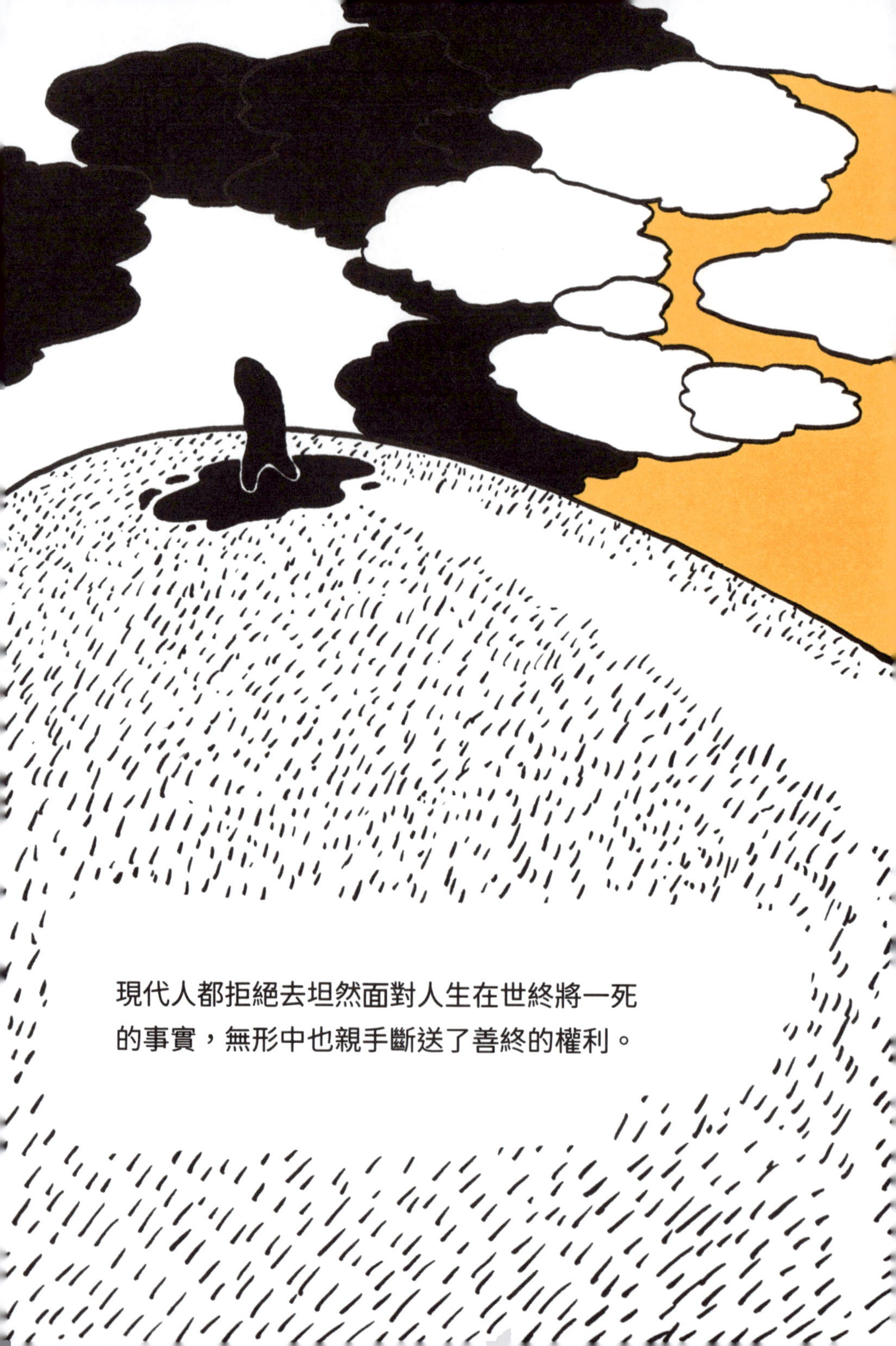

現代人都拒絕去坦然面對人生在世終將一死
的事實，無形中也親手斷送了善終的權利。

我們面對家人時反而選擇逃避這件事情，
眼不見為淨，噤口不談。

我們抗拒面對人生終將一死的現實，
反而造成了更多痛苦、更多傷害，
以及更多個人與社會層面的掙扎。

我們談到哀傷，也談論哀傷的各個歷程與階段，
然而哀傷的經驗既不是線性的，也不是放諸四海皆通的。

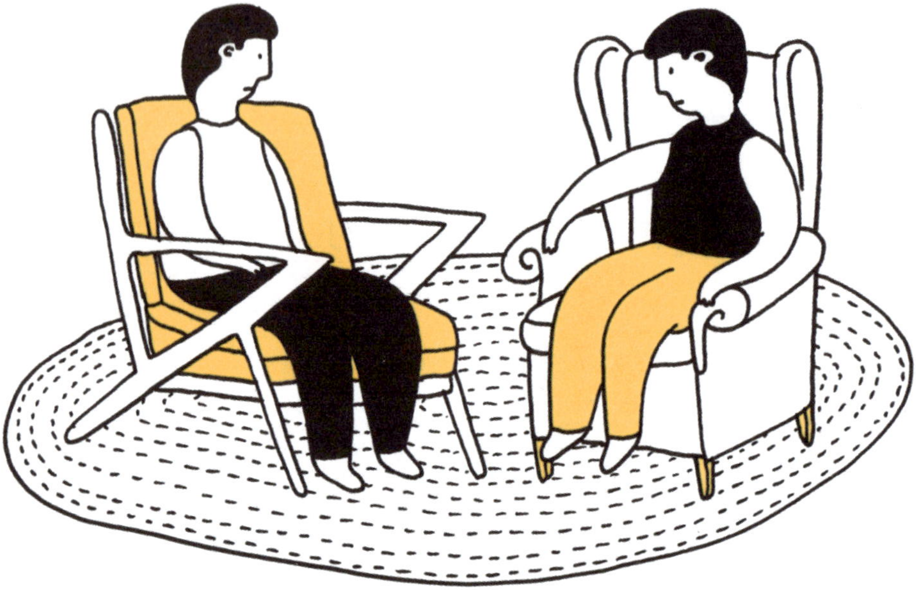

假如我們在死亡發生之後才開始面對悲傷，
而不是在活著時就開始為這個哀傷的歷程做準備的話，
反而會讓自己承受更多的痛苦。

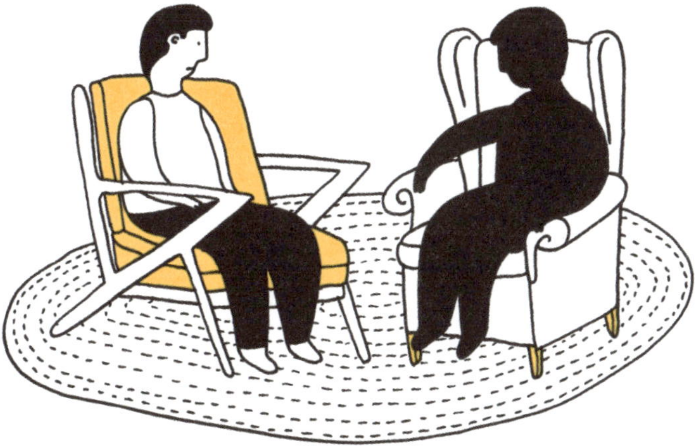

每個活著的人都在經歷走向死亡的過程，
這並沒有什麼。

既然我們都已經走在通往死亡的道路上了，
那麼最好的方式就是
安然地接受這個終點的安排。

誰都不想要走到終點時，
才對一切感到陌生。

不要把死亡想像成一種
將我們從人生中抽離的重擔，
而是帶領我們
走向安息的一種助力。

假如有機會和死神相談，你會提出什麼樣的問題呢？

關於宇宙運行的方式？

還是死神最喜歡哪些星球？

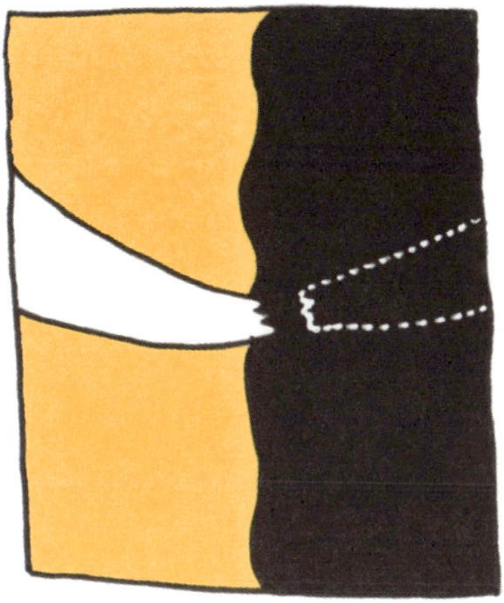

問那些覺得不公平的
人事物？

還是 祢 為何 這麼 做 ？

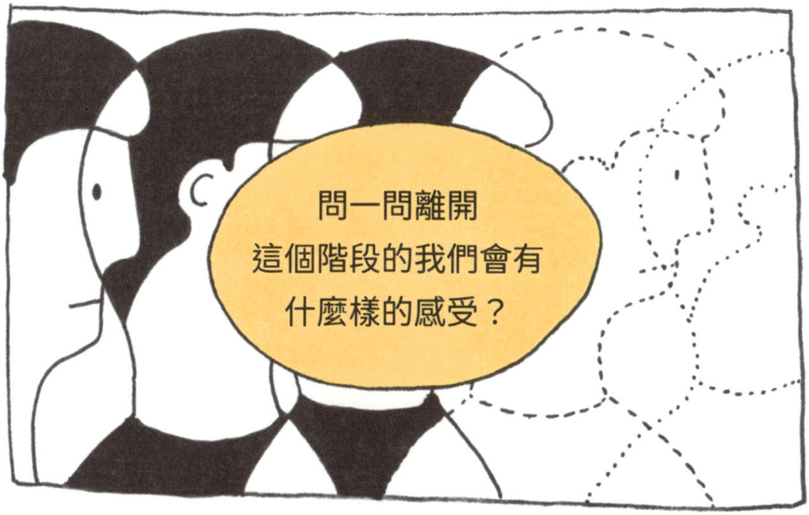
問一問離開
這個階段的我們會有
什麼樣的感受？

逝去之人的
記憶何在？

如果我們會漸漸淡
忘那些逝去之人，
那麼身為活著的
人，又該怎麼記住
他們呢？

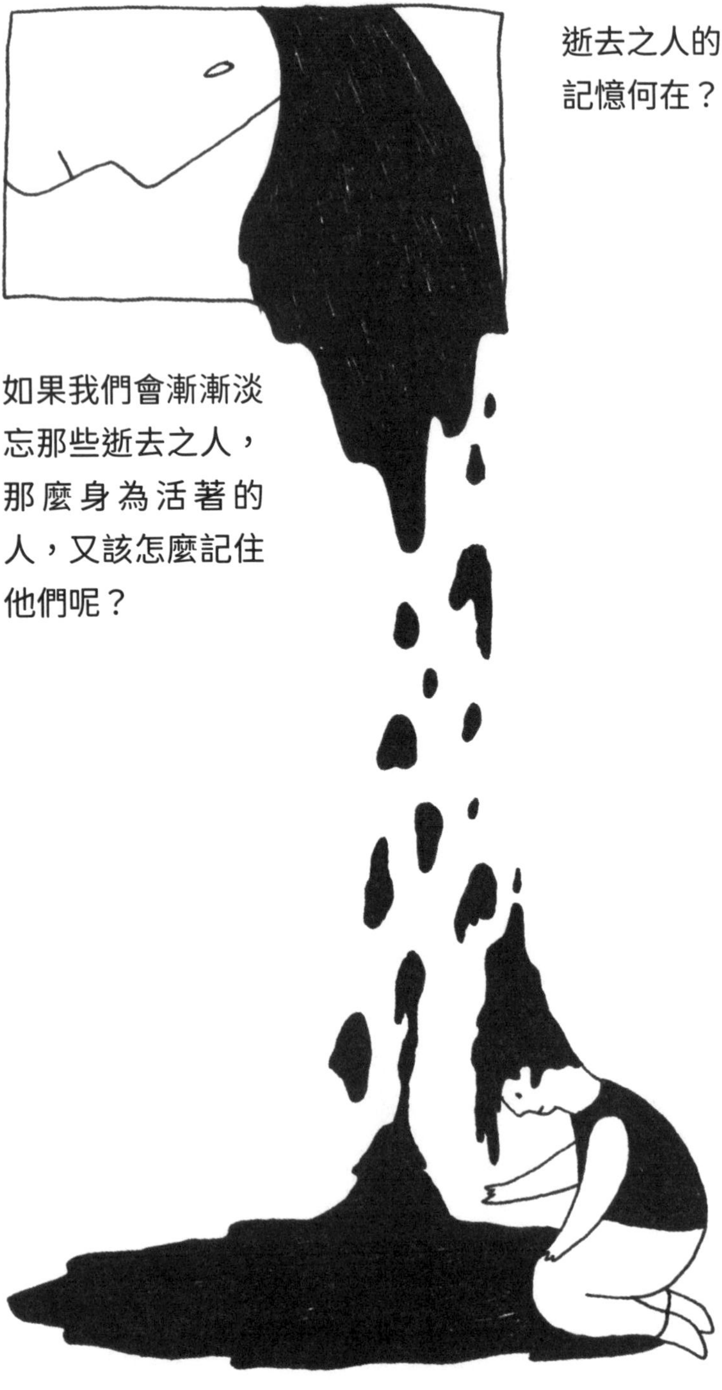

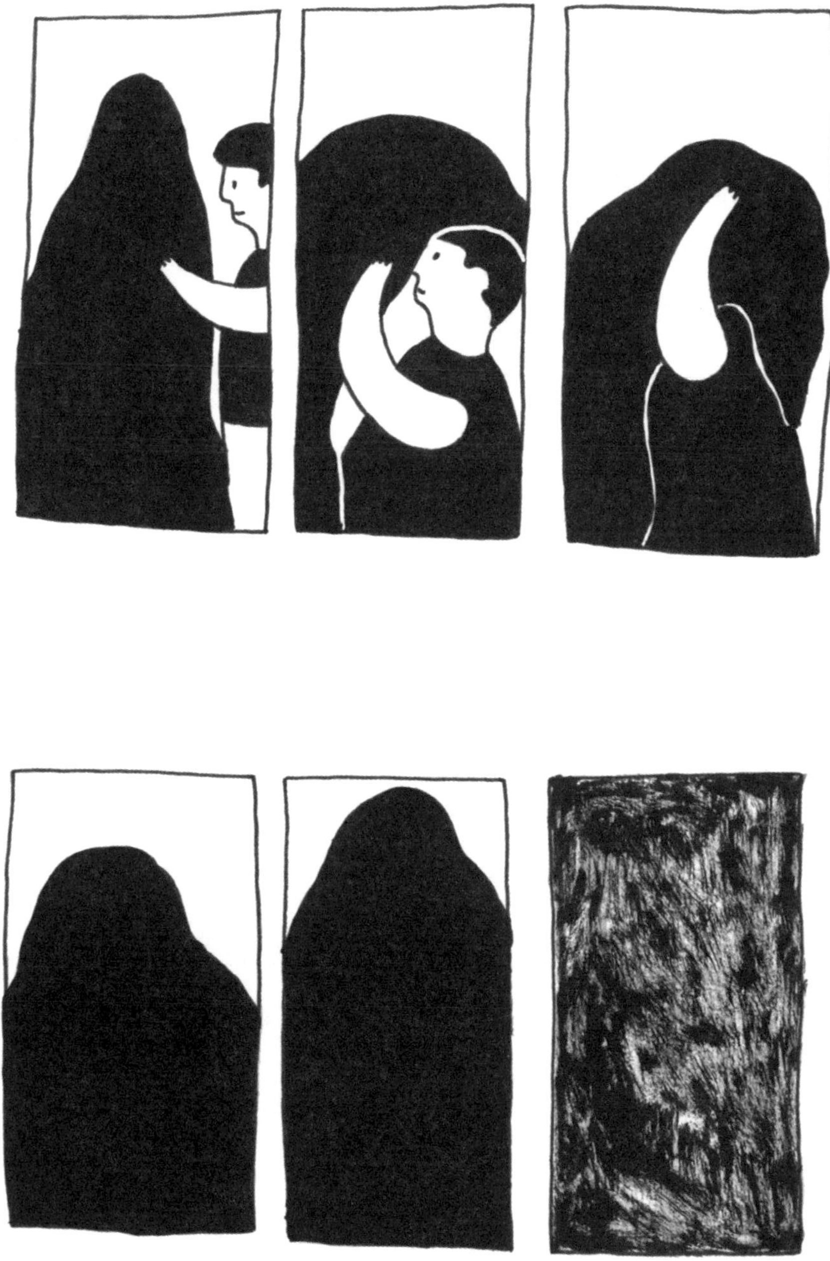

在那稍縱即逝的當下之後，會是什麼？

仔細想想，沒有任何人可以
解釋死亡究竟是怎麼回事，
其實是一件幸事。

面對未知之事能讓人心生畏懼，倘若得知詳情後發現
結果令人失望，

那該怎麼辦呢？

結果令人恐懼能如何？

結局美好又如何？

假如能夠未卜先知，能怎麼改變人生？

也許當我們離開這副軀體時，
會有人因此歡欣鼓舞。

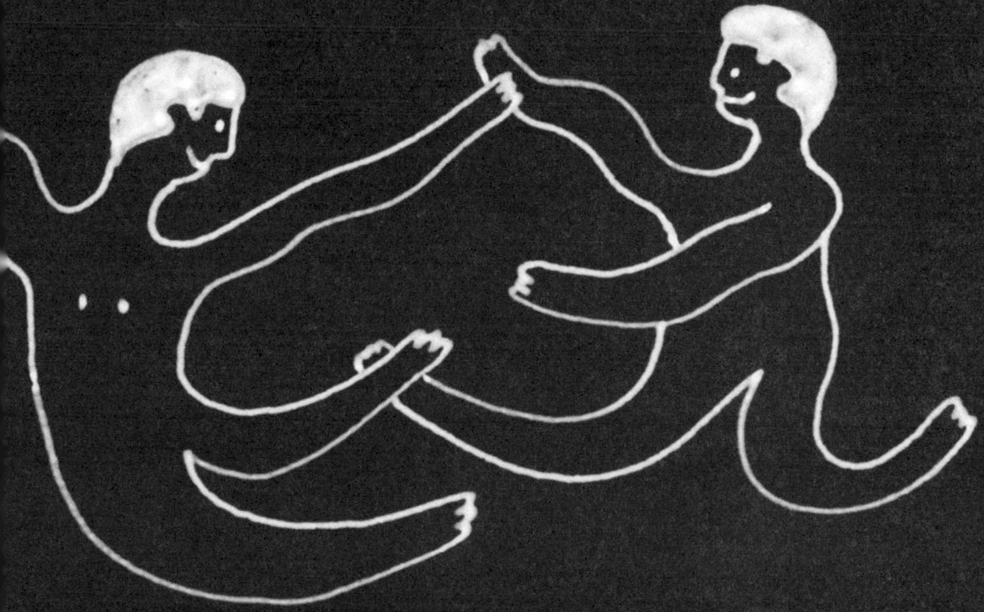

也許我們能再見到彼此。

也許真的是一片虛無。

也許我們會變成鬼怪或幽魂。

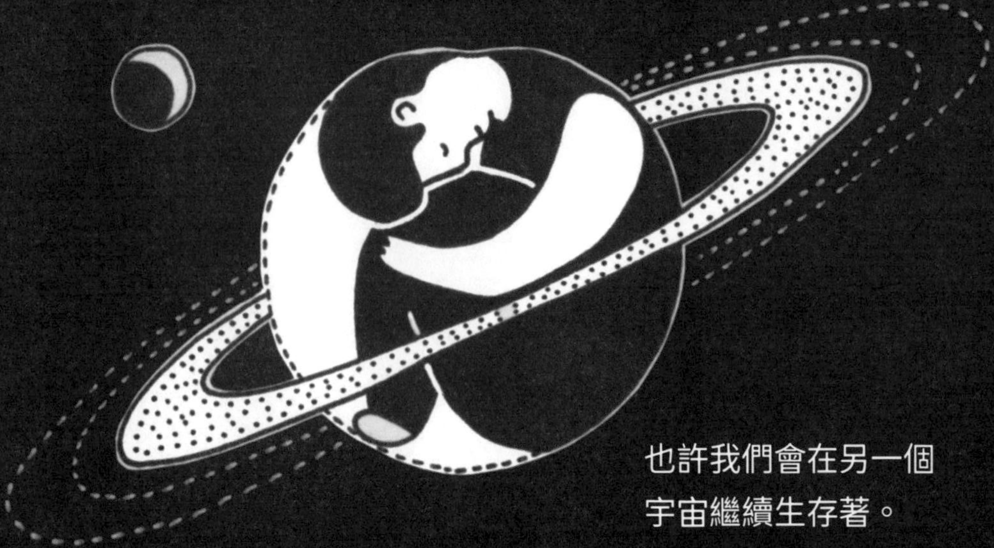

也許我們會在另一個
宇宙繼續生存著。

或者，我們會再次變成
嬰兒，並擁有改變人生
的力量，再活一次。

也許我們會
變成森林裡的植物。

也許我們只是變成了記憶，
當最後一個記得我們的人死去時，
我們也將隨之離開人間。

也許我們可以接受，
一旦我們與肉體分離，

那我們就真的
不復存在了。

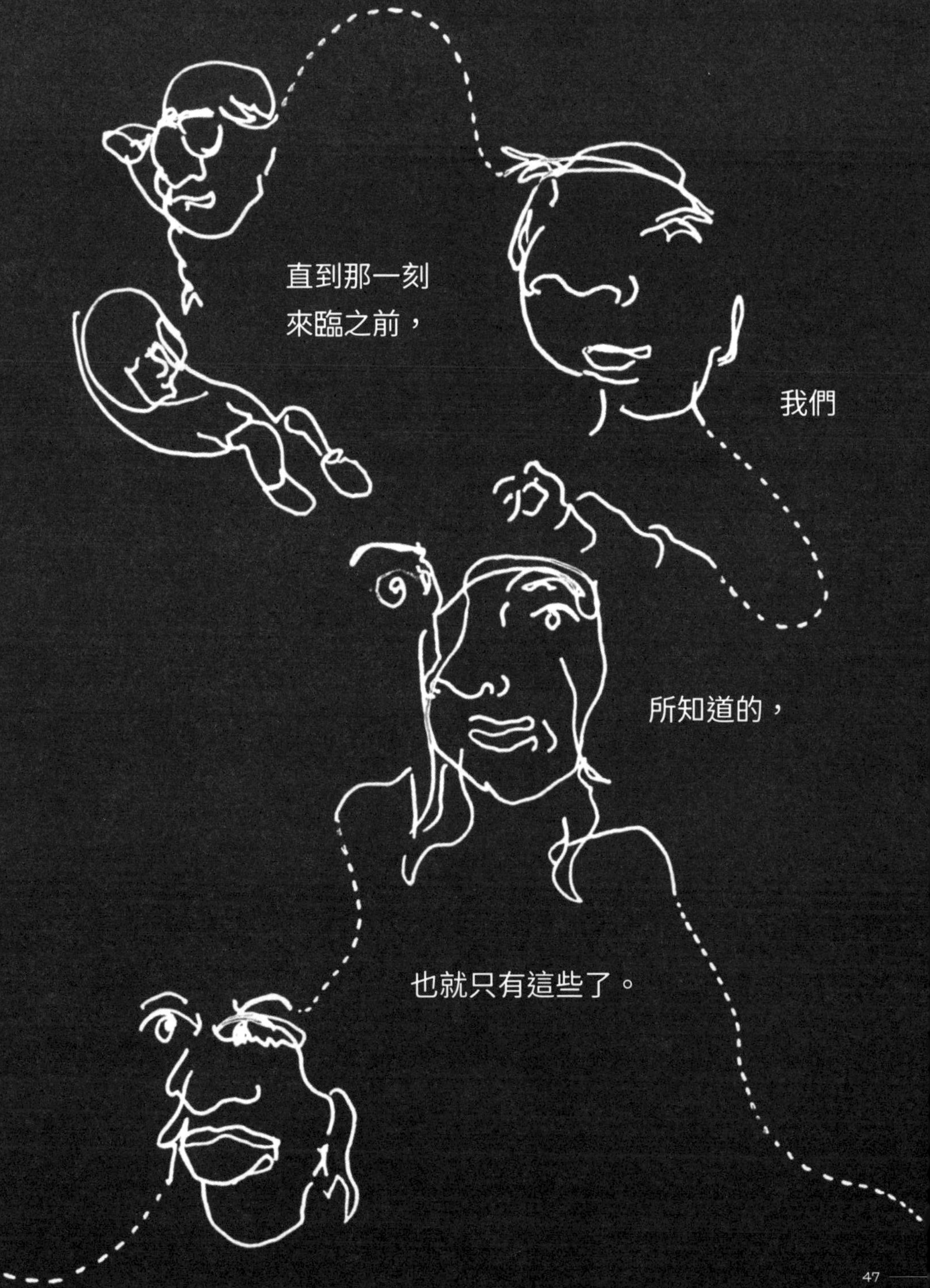
直到那一刻
來臨之前，
我們
所知道的，
也就只有這些了。

當我們思考著死亡，以及從生到死的轉變時，
心中浮現的是什麼樣的景象呢？

是嚥下最後一口氣的樣子？

最後一次心跳？

還是什麼具體的瞬間？

就此從人間登出，真的難以想像。

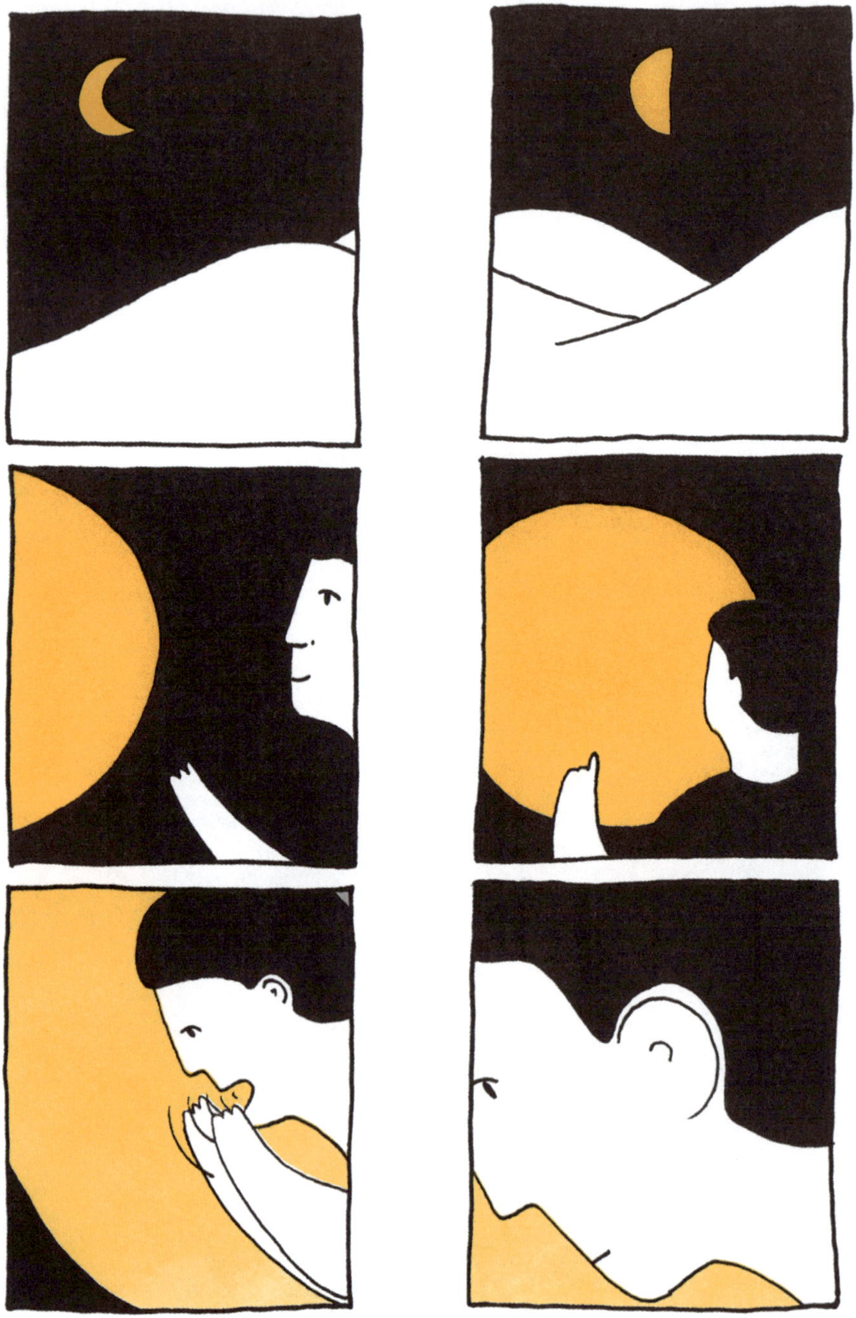

我們無法體驗無意識的狀態，
而死亡就是永久的無意識狀態。

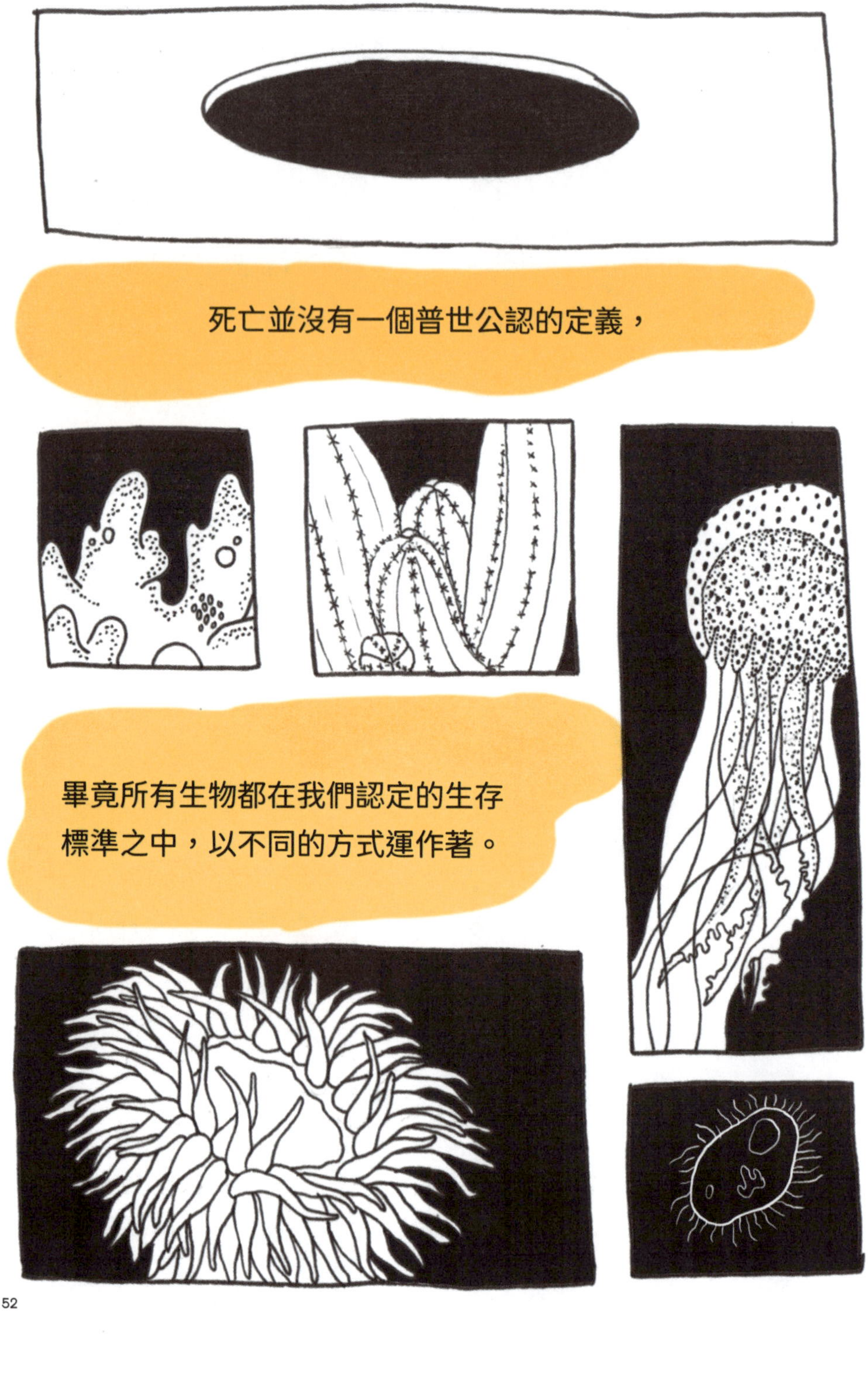
死亡並沒有一個普世公認的定義，
畢竟所有生物都在我們認定的生存標準之中，以不同的方式運作著。

死亡的特徵

對人類而言，
是用心跳、呼吸或
意識的終止來定義的，

但是那些沒有心臟、肺葉或
意識的生物呢？
死亡又該如何定義？

這將如何改變

死亡標準的訂定？

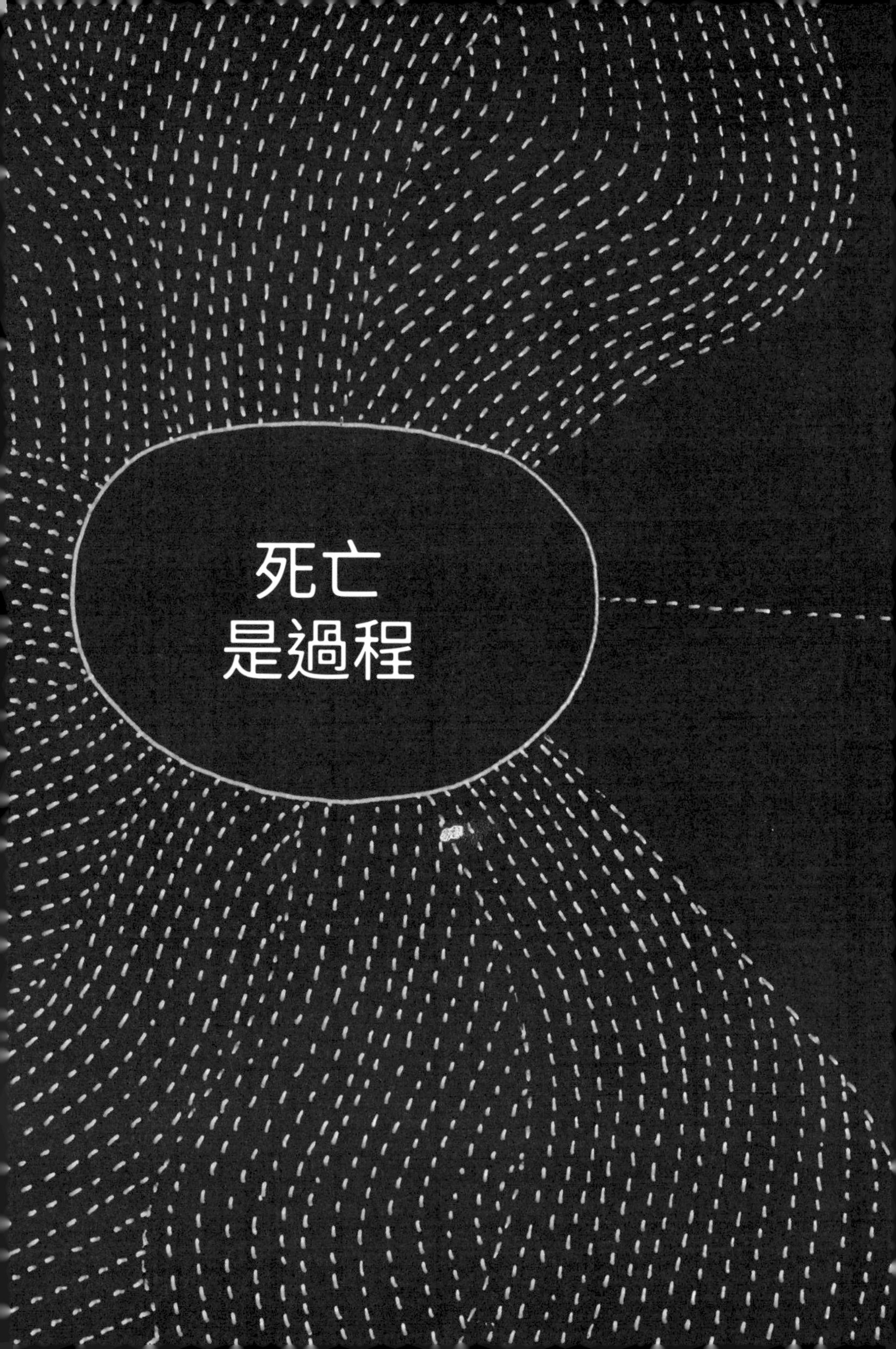

死亡
是過程

而非事件

我們可能從內在感受死亡，

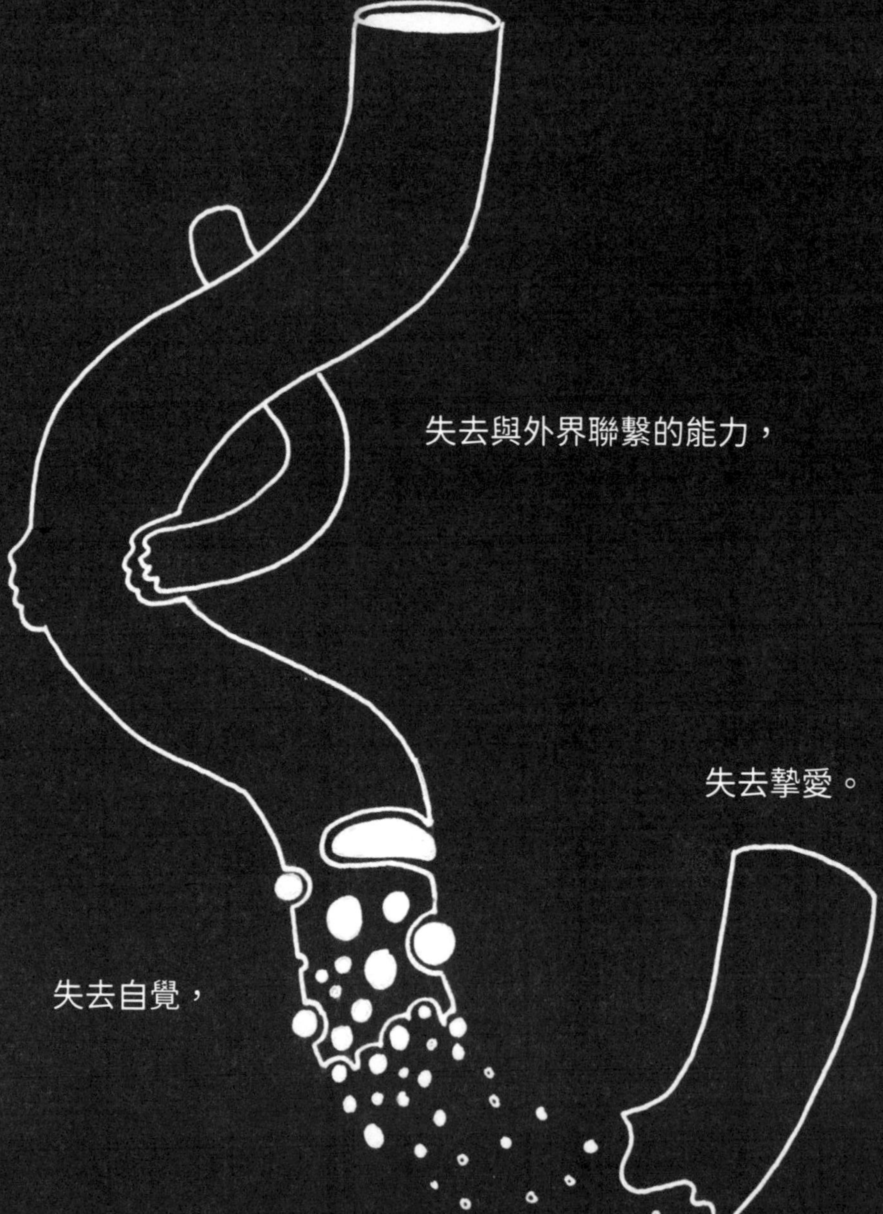

失去與外界聯繫的能力，

失去摯愛。

失去自覺，

失去自主能力，

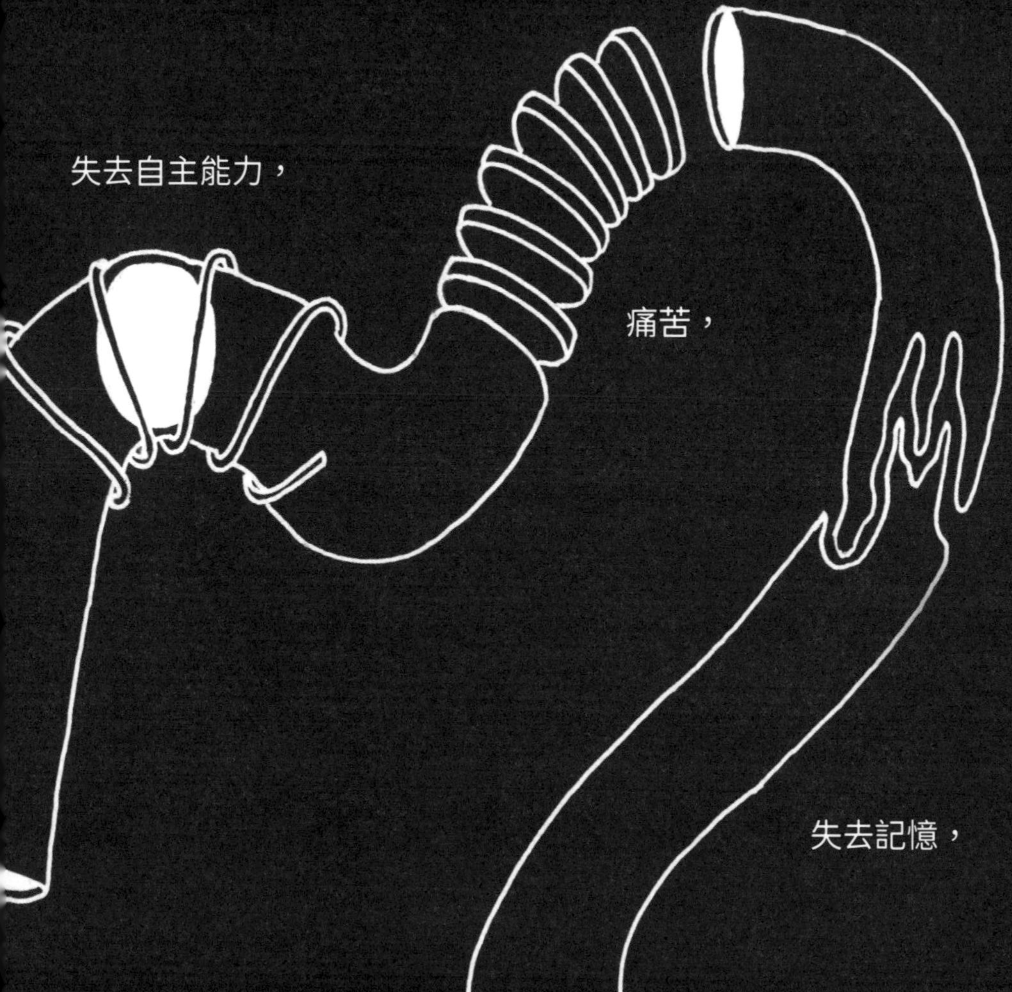

痛苦，

失去記憶，

而生理上依舊是活著的。

當我們死去時，體內的燈火就熄滅了。
對某些人而言，那是無預警的斷電，
而對另一些人來說，那是燈火漸漸熄滅的過程——
曾經滿室通明的房子，燈火一盞接一盞地熄滅，
直到黑暗全面降臨。

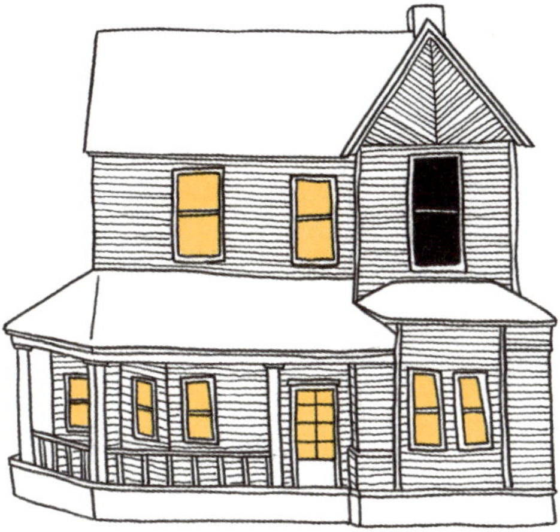

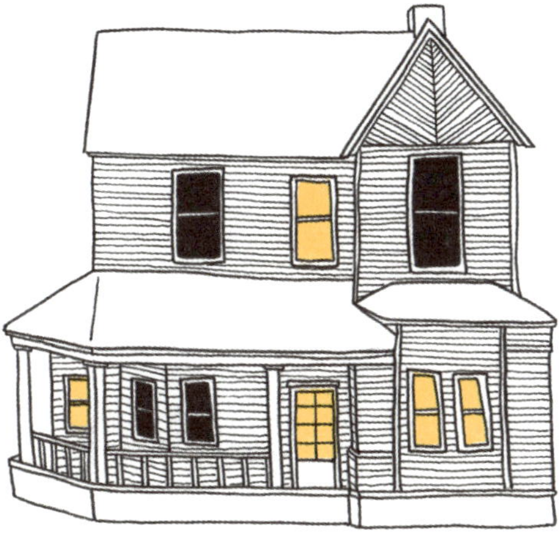

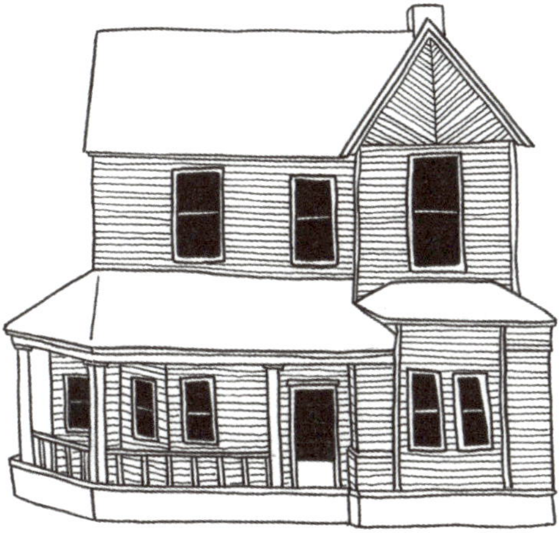

從宇宙的宏觀視角來看，我們的生死根本微不足道。我們所居住的星球也算年輕，人類的歷史更是年幼，而我們的壽命在時間的度量衡上也不過是一瞬間的事情罷了。

如果我們的生命
在宇宙的宏觀視角中，
不過是須臾片刻之事，
那麼，生死的意義
又何在呢？

人們總為著一個想法癡迷，

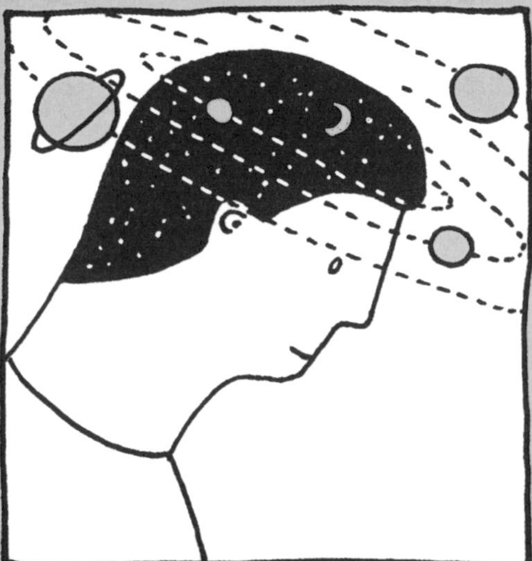

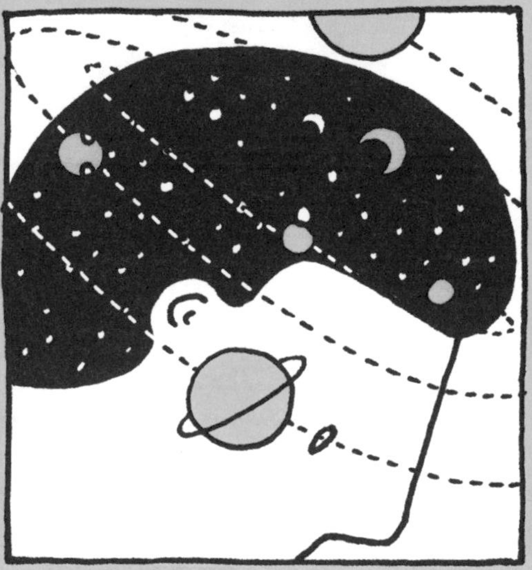

那就是「人類由星塵而生」。

不過，由地球物質創生的說法
是不是更棒呢？

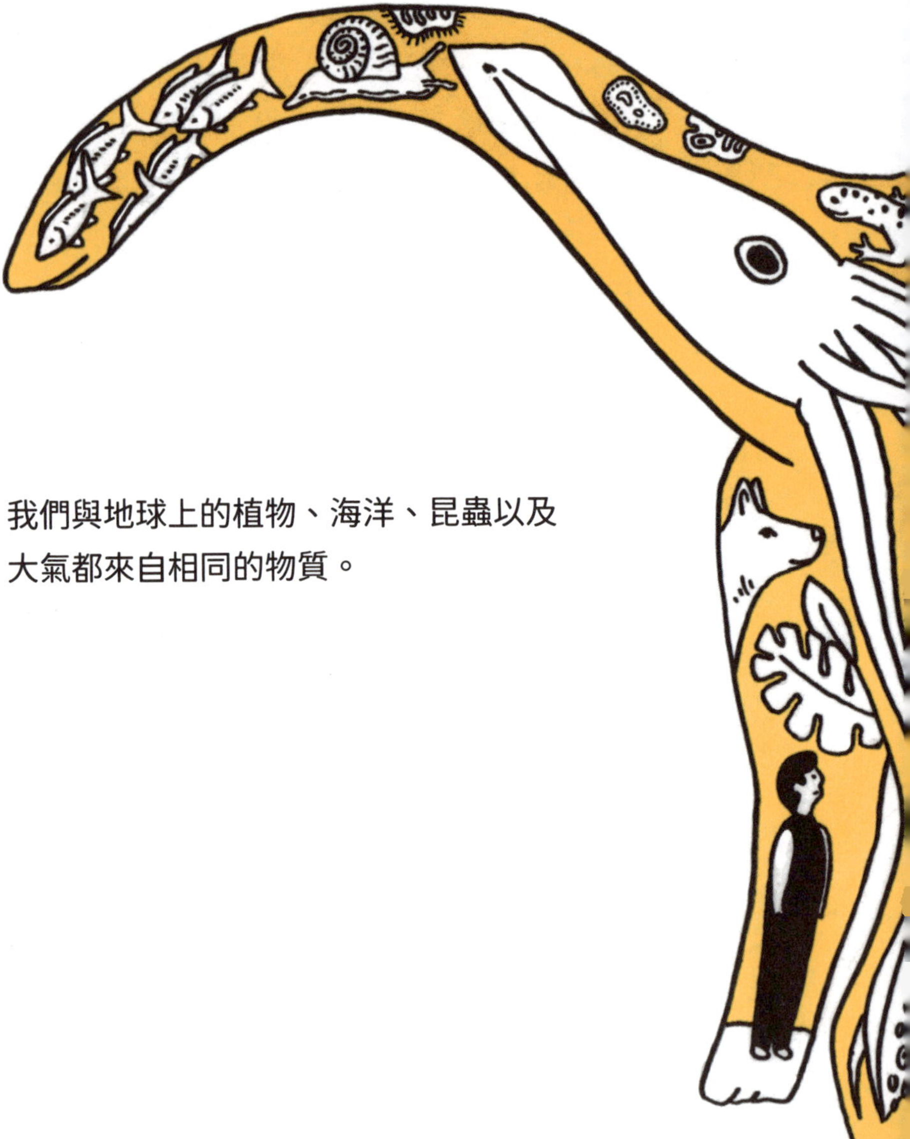

我們與地球上的植物、海洋、昆蟲以及
大氣都來自相同的物質。

然而，來自一個自己未曾造訪之地的想法似乎更吸引人，或是來自某個自己尚未存在的過去。

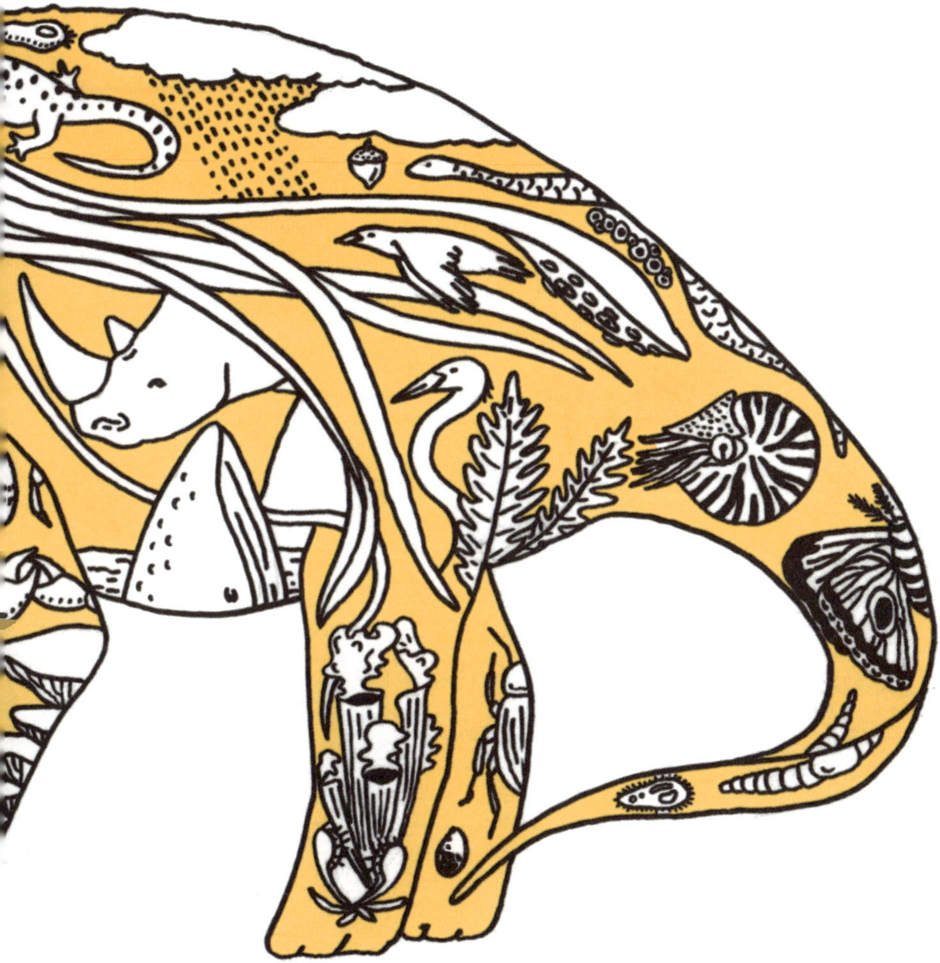

我們來自大地，
而當我們的物理型態回歸大地時，

常常擔心自己的
靈魂、精神及自我又將何去何從。

也許在肉體生命之外還存在著某種靈魂或精神，那是自我超越當下所處時間或空間的延伸；又或者當我們想要讓自己以為死亡並不可怕時，我們就會去尋找他人的精神存在。

某些人在得知摯愛之人死後依舊會存在於離我們不遠的地方，而感到寬慰。這樣一來，等到我們也離開這個世界，我們一樣不會遠離心愛的那些人。

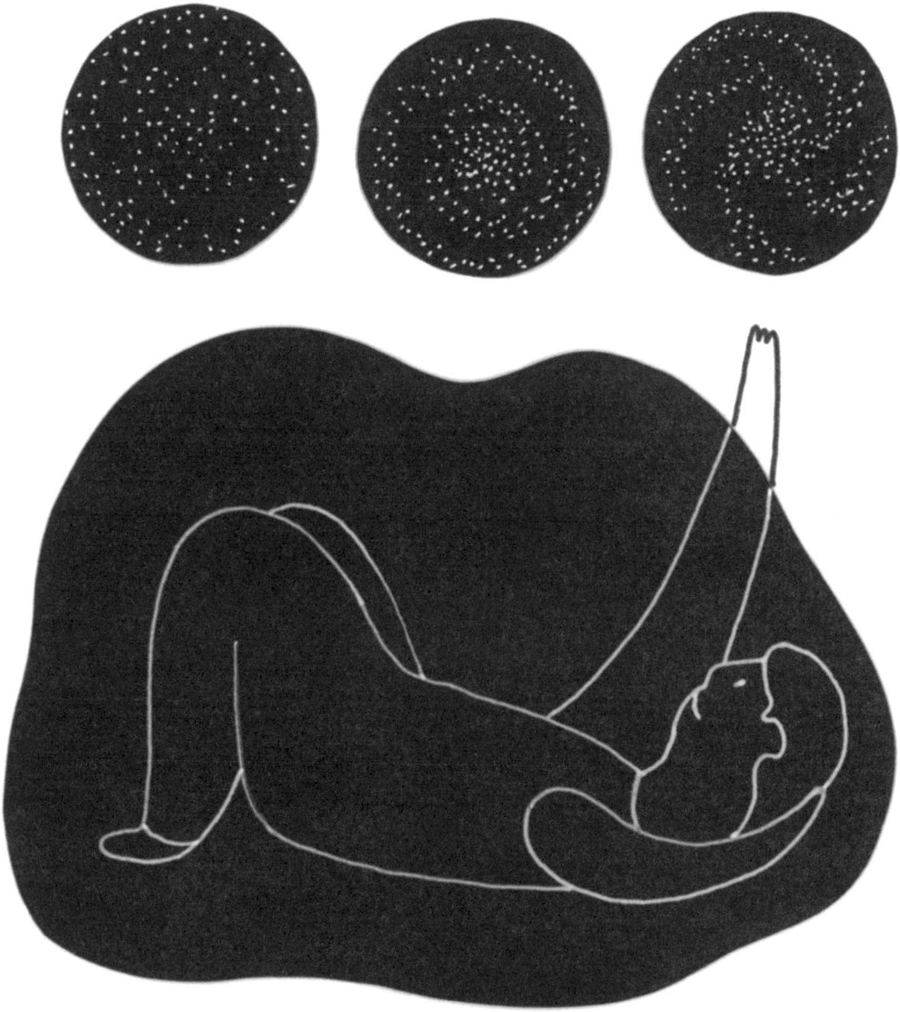

墳墓上擺放石頭是猶太人的傳統，
至於這個傳統的起源則不得而知。

那可能是記錄拜訪者曾經造訪的一種作法，
正是從牧羊人以鵝卵石作為計算
羊隻數量的方式演變而來。

可能是將靈魂封存在亡者體內的一種儀式。

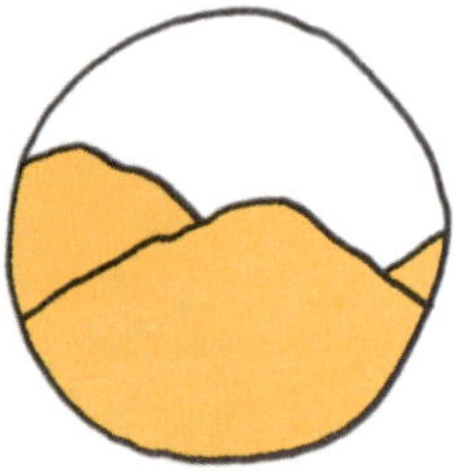

或者

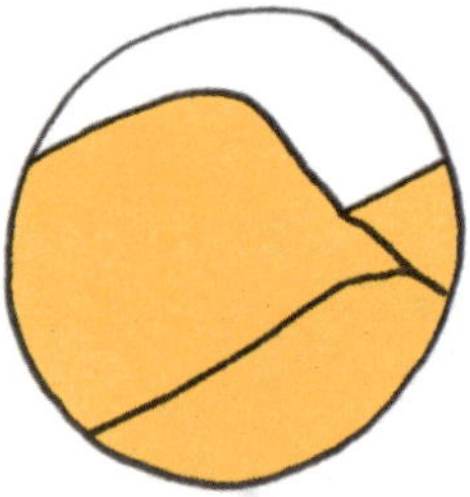

因為

沙漠

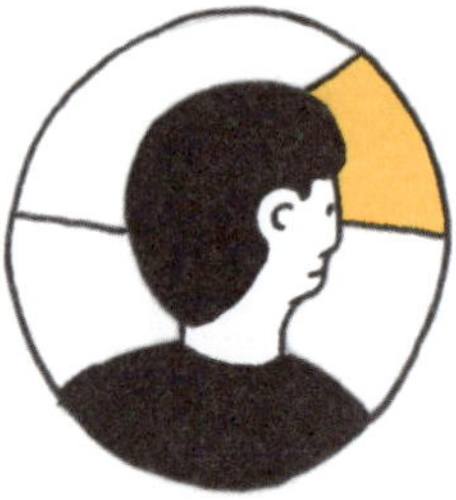

之中

鮮少

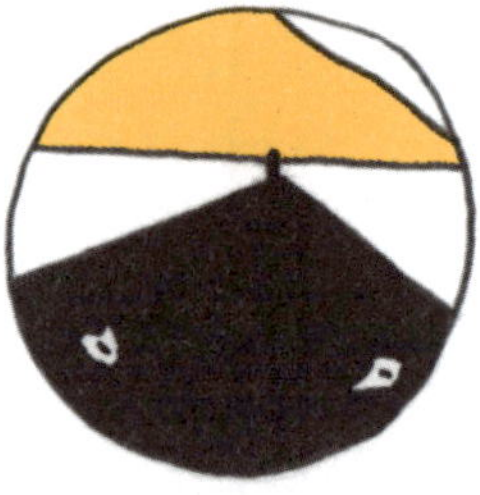

存在

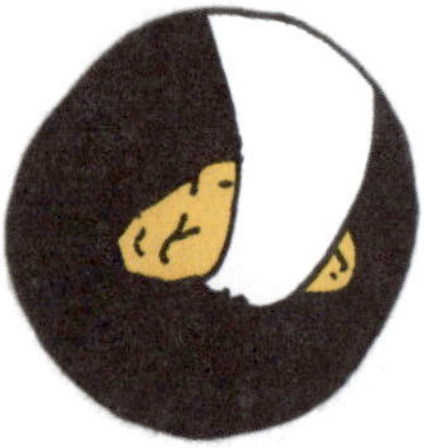

任何

活的

東西

也可能是一直以來用以標示墓地所在的石堆。

有別於常用來向亡者致敬的花朵或食物的賞味期限，石頭可以永久存在。或許石頭就象徵著生死之間永恆的聯繫。

而每一塊由生者所留下的石頭，終將成為
他們與生命世界之間的永恆印記。

我們以肉體之姿存活的
時間有限，不過我們卻
可以在這世上留下
永恆的印記。

這些印記散布在
四周地景，總有一
天，我們終將回歸
其中。

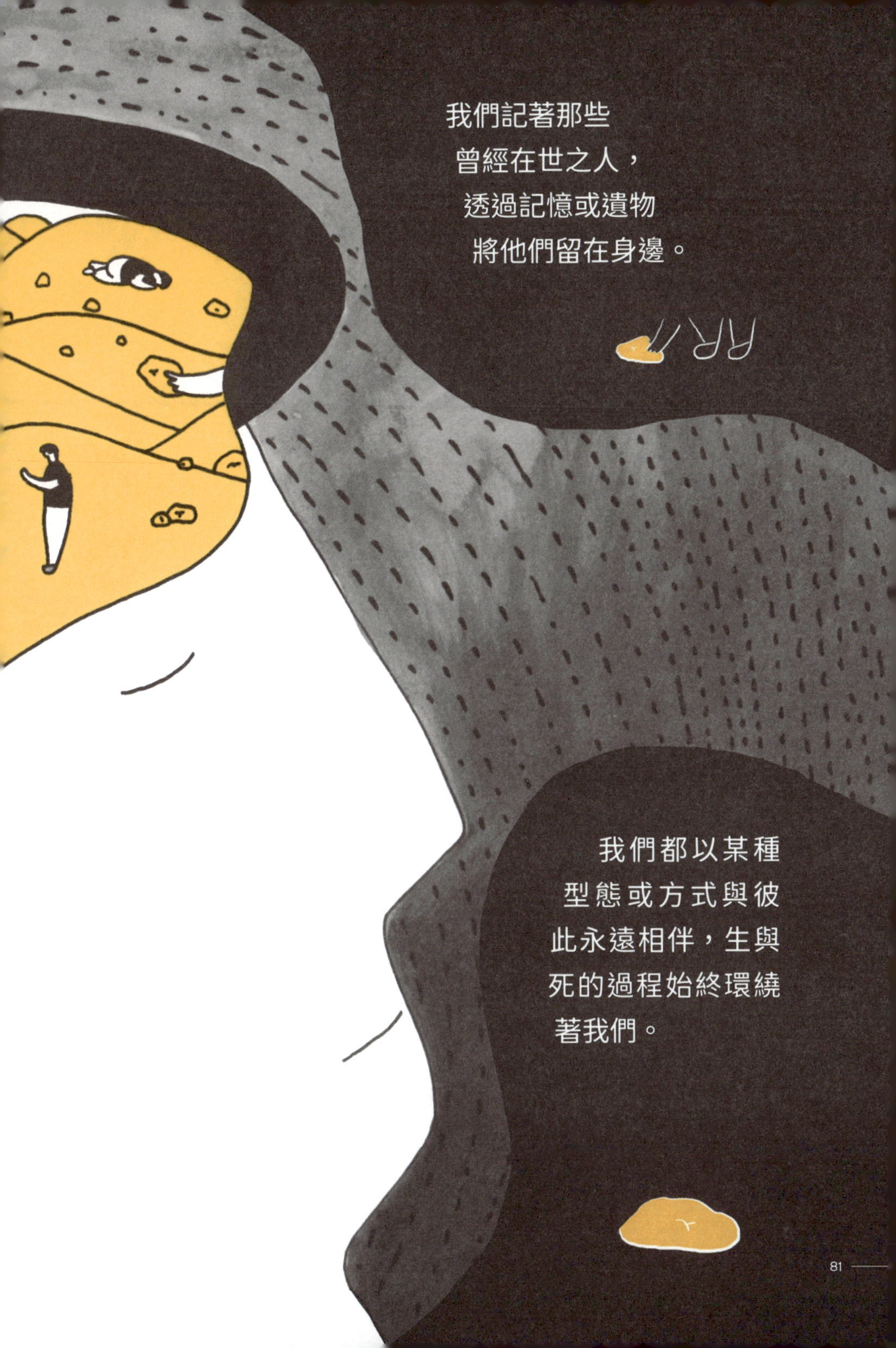

我們記著那些
曾經在世之人，
透過記憶或遺物
將他們留在身邊。

我們都以某種
型態或方式與彼
此永遠相伴，生與
死的過程始終環繞
著我們。

我們可以成為

植物或蕈類，

成為動物的食物。

住在森林裡，

或者成為森林。

假如我們的屍體是被不同的生物分解吞噬的話，我們就比較不會排斥這個想法嗎？

又或者，假如我們不會被這些生物吞噬，我們就比較不會排斥這些生物嗎？

曾經有人研發出一種長滿真菌孢子的壽衣。屍體下葬之後，這些真菌孢子就會開始生長。

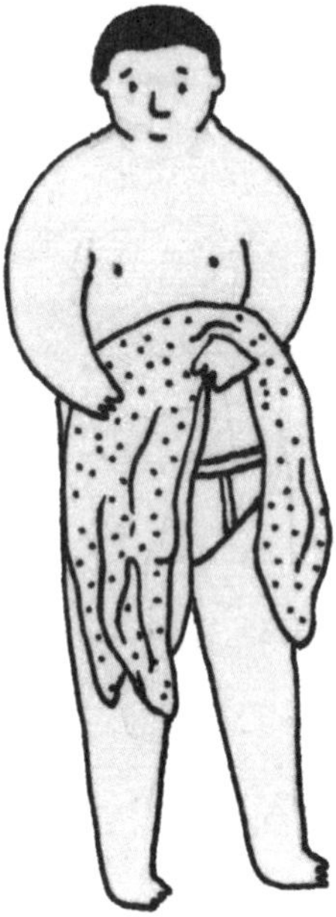

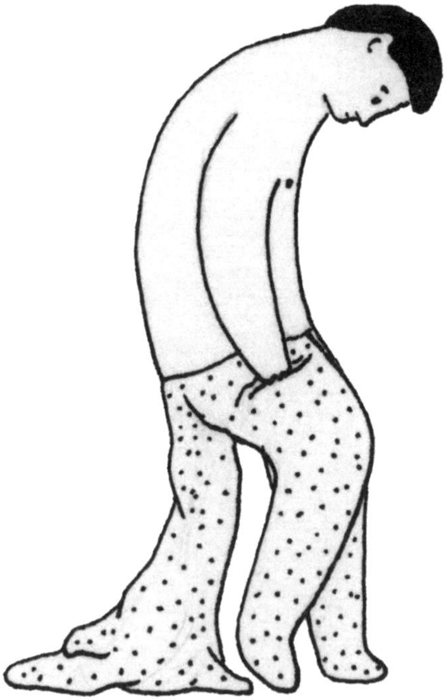

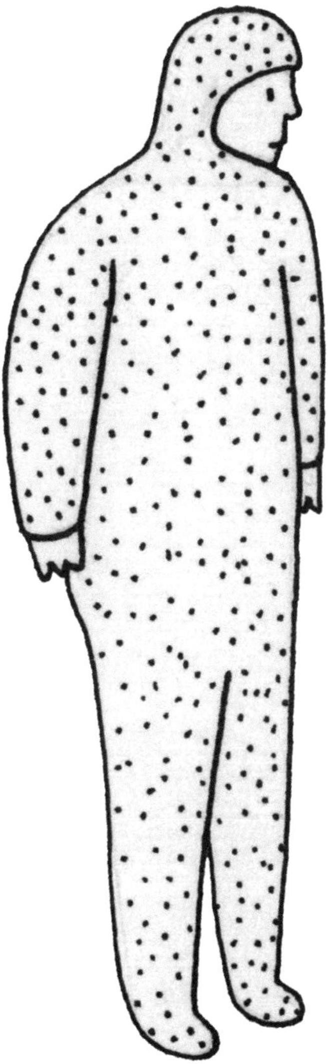

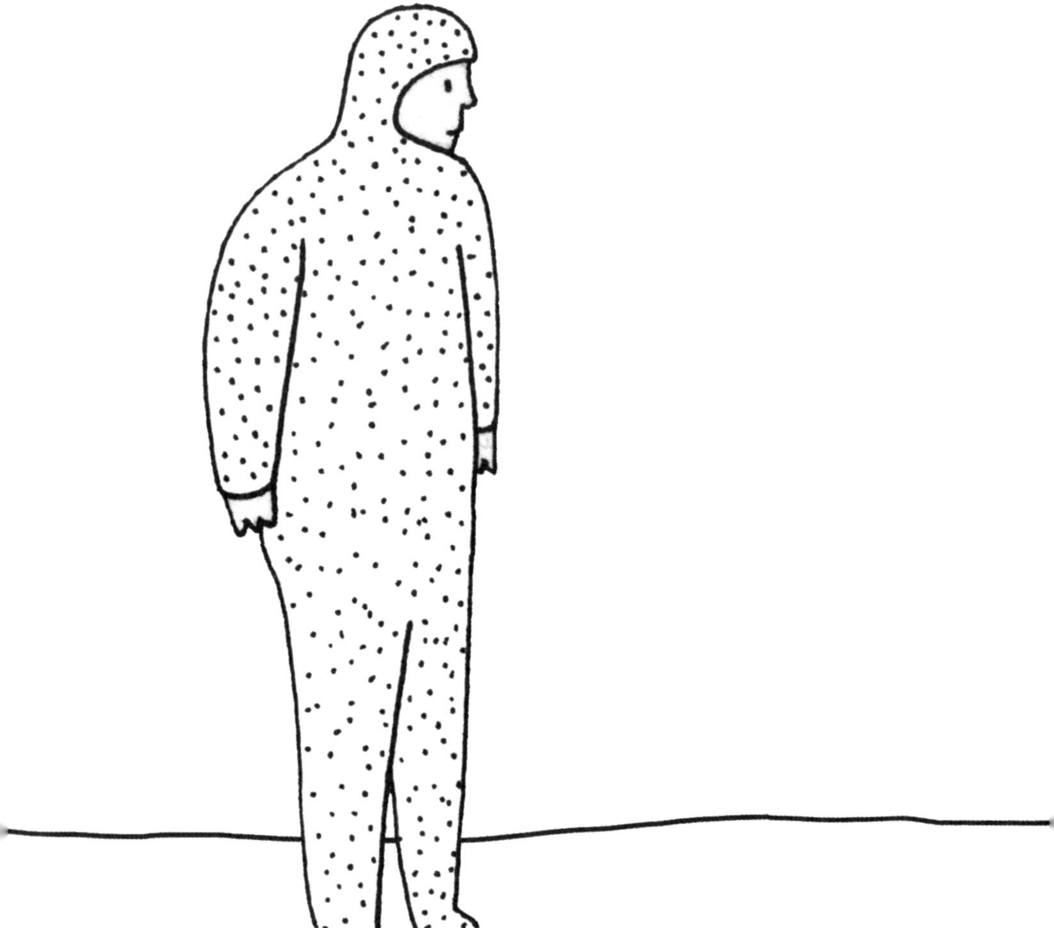

世界上有許多處理遺體
的方式，不盡相同。

入土下葬，

動物食用，

同類相食，

焚燒火化。

在某些方面，不同的遺體處理方式正反映著我們在情感上如何期望後人對待、尊重以及紀念我們的遺體。

中國南方的僰人將棺木懸掛在數百英尺高的懸崖峭壁上，他們很可能是在西元一千五百年的明代時期遭到滅族。至於為什麼採用這樣的懸棺方式已不可考，不過部分亡者在過去三千多年來就以這樣的方式被存放在半空中。

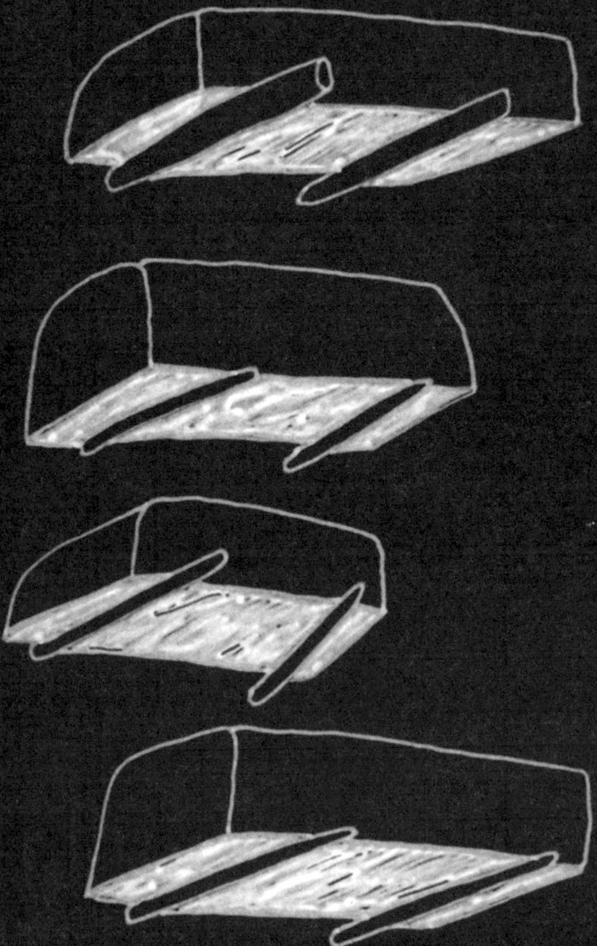

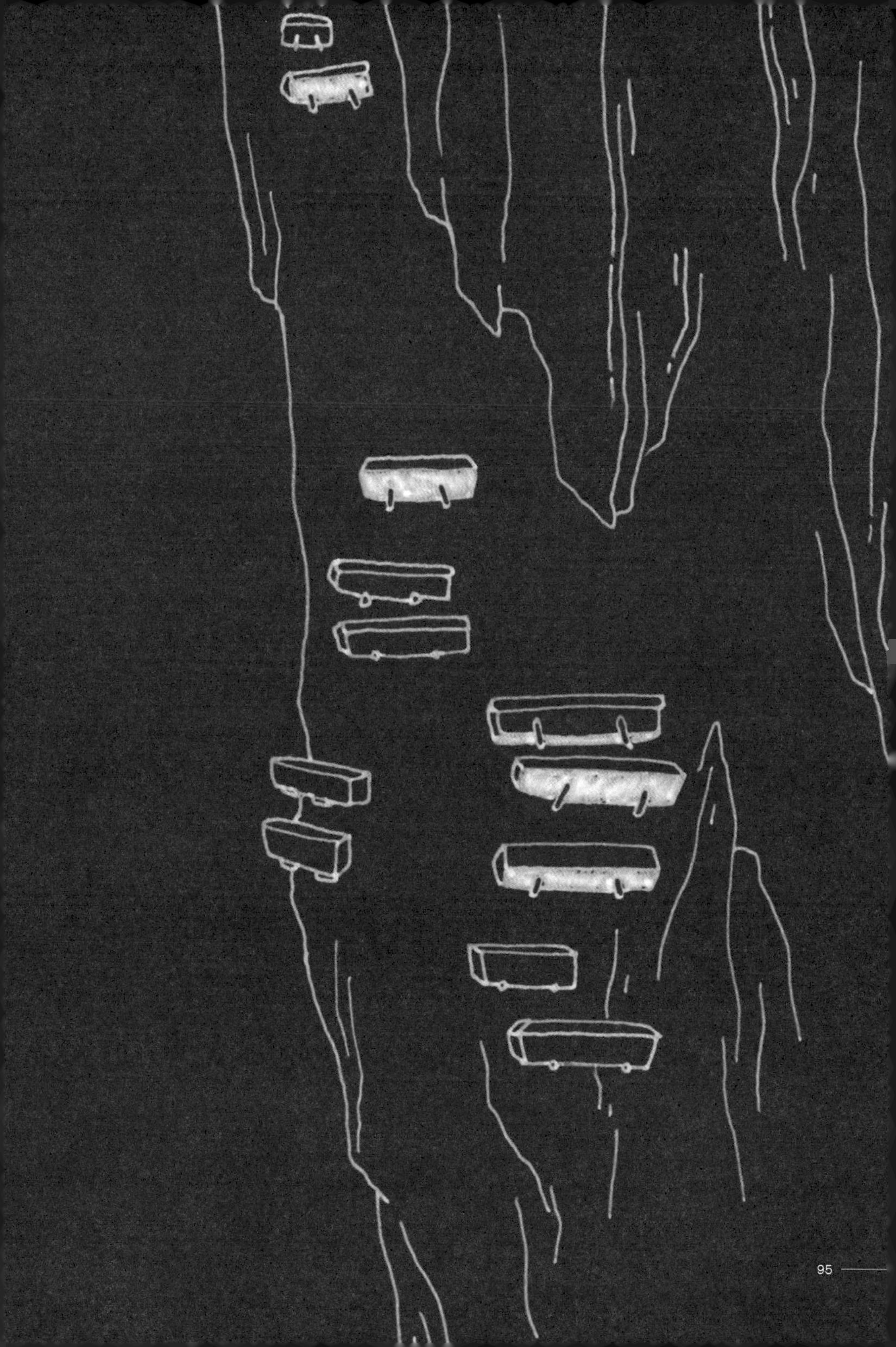

圖博則有天葬儀式。

人們的遺體被放置在高原上的
天葬台，任由禿鷹啃食。

禿鷹為死者舉行葬禮。

牠們身披黑裳。

牠們齊聚，

牠們為死者最後送行。

食腐動物與生態體系中的分解者為了維生，而進化成依靠屍體生存並利用屍體的生物。

地球上的生命已經持續演化三十五億年了。

而死亡也同樣形塑了地球上的生命樣貌。

死亡讓我們有機會為了生存而演化、改變及成長。自從人類開始進化至今，已經有超過一千億人死亡了。假如在此之前沒有那些成千上億的各類物種死亡，我們就永遠無法演化成今天的樣貌。

先有六千五百萬年前的恐龍滅絕，
才有今日駕車時所需要的石油。

身為人類的我們都處於一個
明白人生自古誰無死的特殊位置。

某些生物能讓我們產生對自身生命的
片刻反思。

水螅似乎是一種不會衰老也不會死亡
的淡水無脊椎動物。

你想要長生不老嗎？

或者

永生是否能為死亡終將來臨的想法，
帶來一絲緩解與感恩呢？

也許人類自以為是地認為，自己在大自然之間是如此與眾不同，因此要與大自然一樣地走向必死的命運，就會對人類自身優越的遐想帶來威脅。

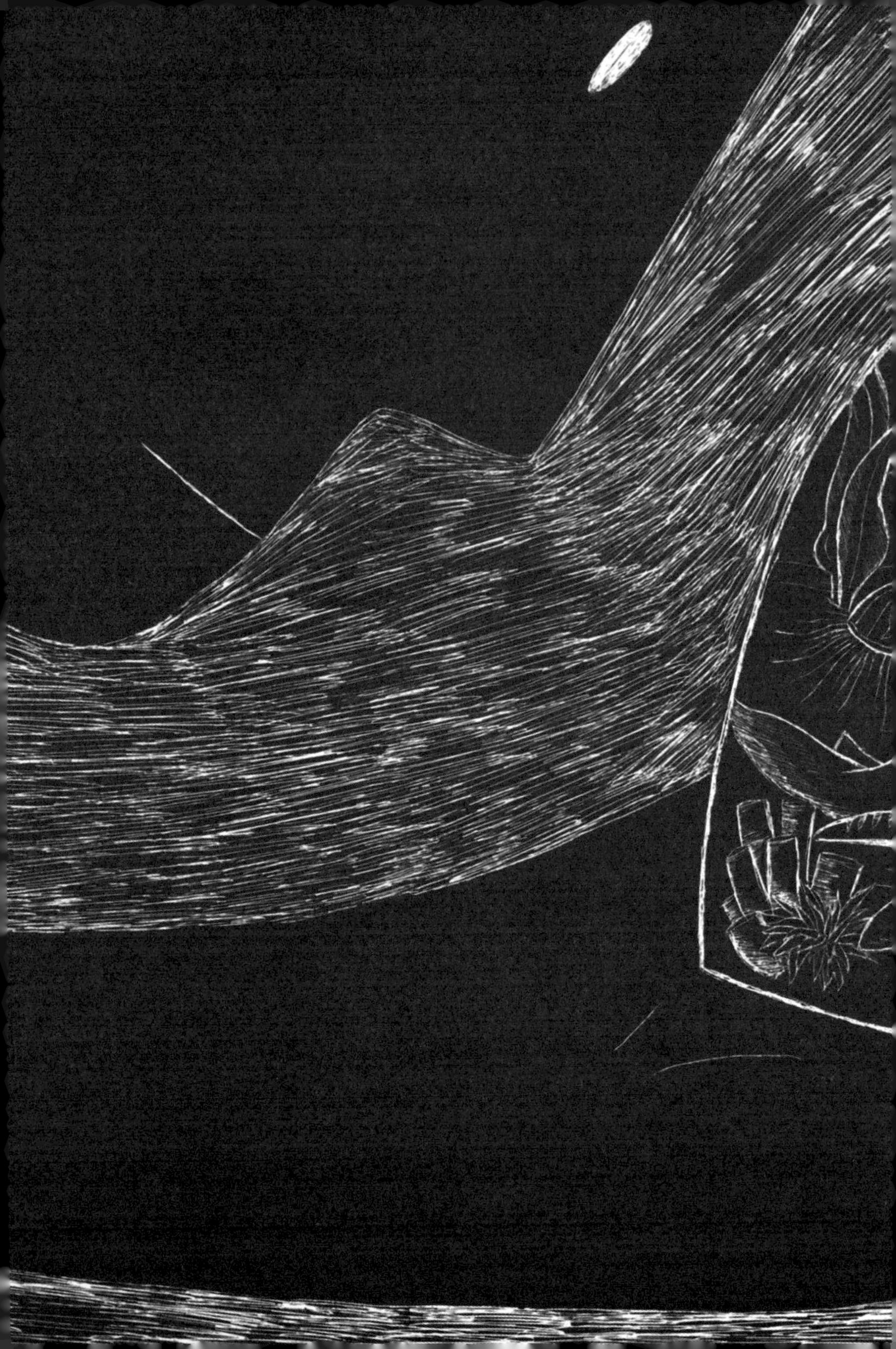

在地球上，幾乎所有生物的一生都被
賦予大約十五億次的心跳。

唯有人類與雞，一生的心跳大約二十億到二十五億次。

正因如此，我們（也許雞也是）
就以為

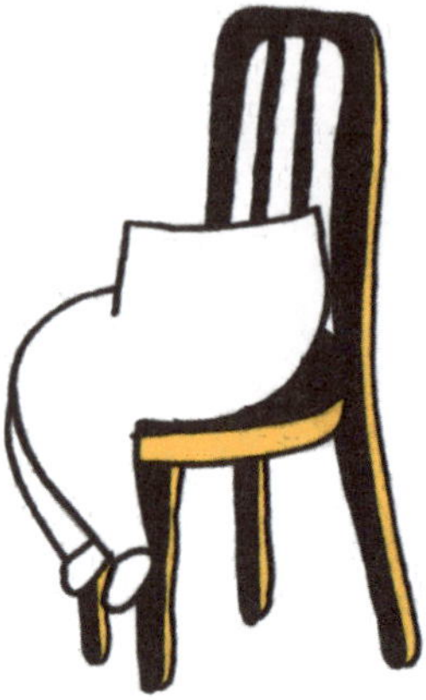

自己與眾不同，

我們可以免於一死，
活得更久，

更加強壯。

我們藉由改變自己的身體
來超越人類的極限。

然而，我們的身體
注定會死亡。

生理機制就是如此，
死亡終究是地球生命進程中
的必要環節，
由不得我們。

我們想要讓
後人銘記。

有人窮盡一生時間創造影響，

有些人則是無私地想要改善這個世界。

而有些人是為了確保自己的重要性，
認為自己值得受到世人的緬懷。

我們將死後留下的成就與人生價值畫上等號，
不過死後到底有沒有人會記得我們，或許到那
個時候也不重要了。

即使自己已經到了接受生死終有時的境地，
在經歷身邊親人與自己的死亡過程時，依舊
是極度痛苦而悲傷的體驗。

接受死亡的必然，並不代表我們就能免受影響。
意識到人生在世的時間有限，並不代表失去的痛
苦就能有所緩解，不過我們或許會因此減少
一些恐懼，讓我們可以為哀悼做好準備。

面對死亡時，最困難、最充滿希望的一點就
是周遭生命依舊持續前行。

困難的是我們必須學會在失去某人或某物的情況下繼續生活，然後接受所有人都會在失去我們的情況下繼續各自的生活。

然而，充滿希望的是人們可以在面對永訣之後還能找到治癒的方法，透過同悲不捨而找到彼此，而這顆對生命冷漠的星球依舊不痛不癢地繼續旋轉著。

時間一點一滴地流逝，

帶著我們向前行，

直到生命的盡頭。

然後，時間仍會繼續流淌，流淌。

隨著

時間流逝，

人們

都將從我們的

生命中

離開。

記憶也會淡去。

我們總是在哀悼著。

很多時候是不自知的哀悼。

為了感情，

為了重要的
物品，

為了熟悉的故地，

為了那些無法體驗
的事情。

哀悼與離別
多多少少都會帶來改變，
那是常態的中斷，
是觀點的改變，
以及身分的重塑。

儘管哀悼時充滿哀傷，

卻又同時可以帶領我們，
對世俗及無法掌控之事有著更深切的領悟。

有時候，我們會被動地
選擇放手。

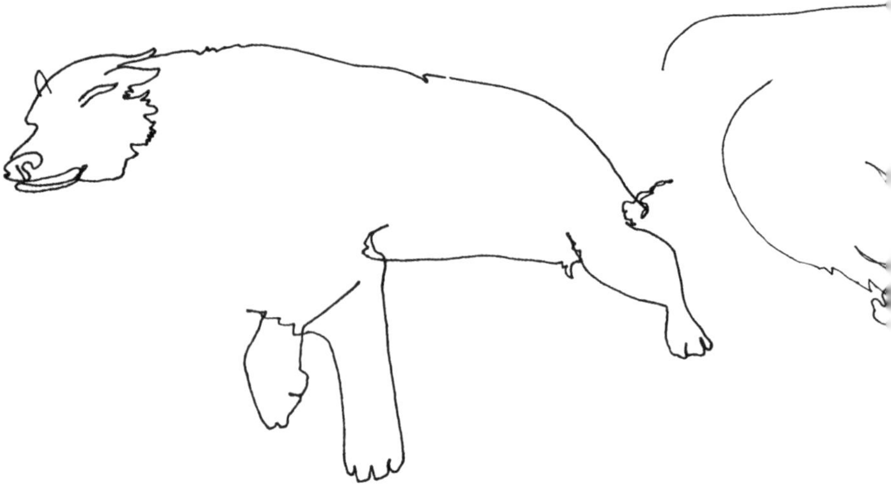

有時候，我們必須決定好時機放手。

當死亡變得孤立又隱蔽時，人們就容易
忽視死亡。

在這樣的情況下，我們對生死的主導權
往往會遭到剝奪。

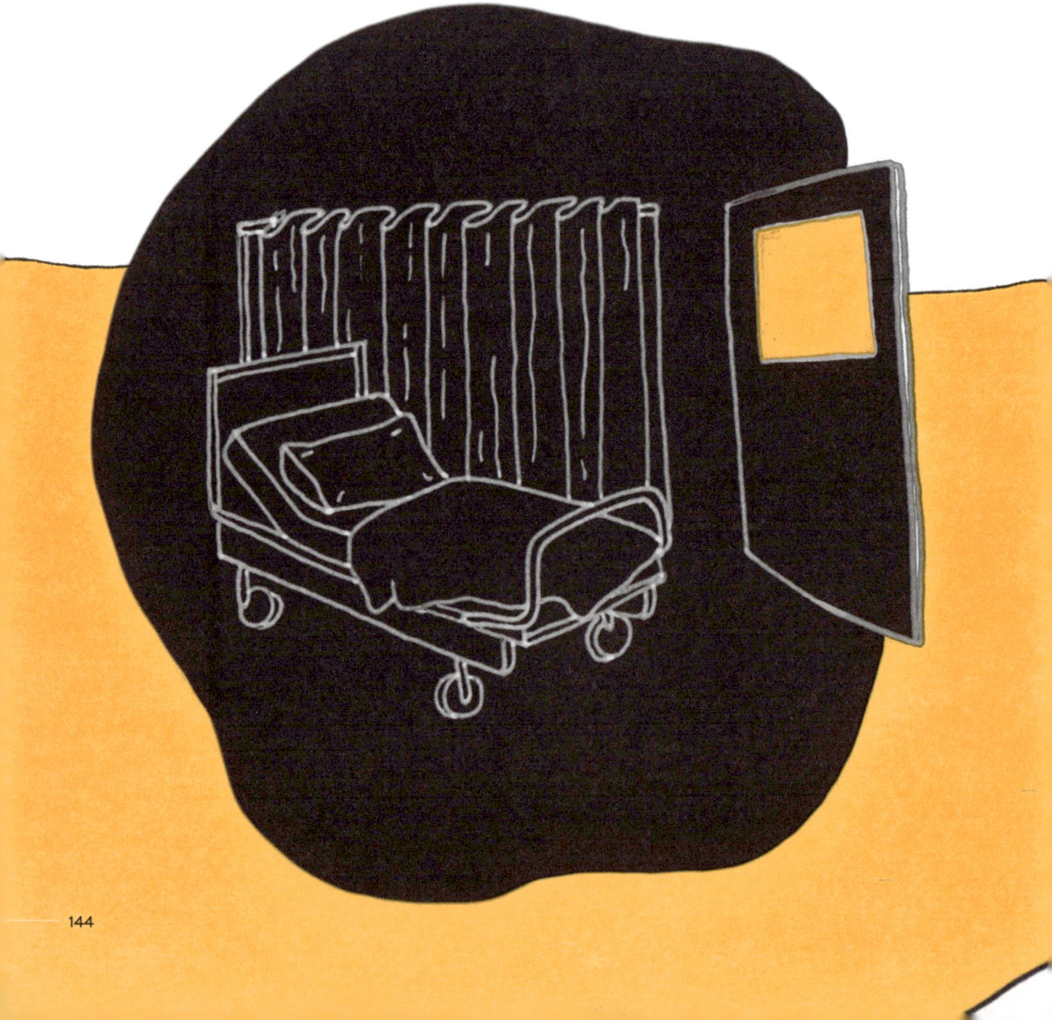

為了讓垂死之人續命，而採用極端的醫療手段，這樣的情況其實很普遍，也經常損害他們的生活。

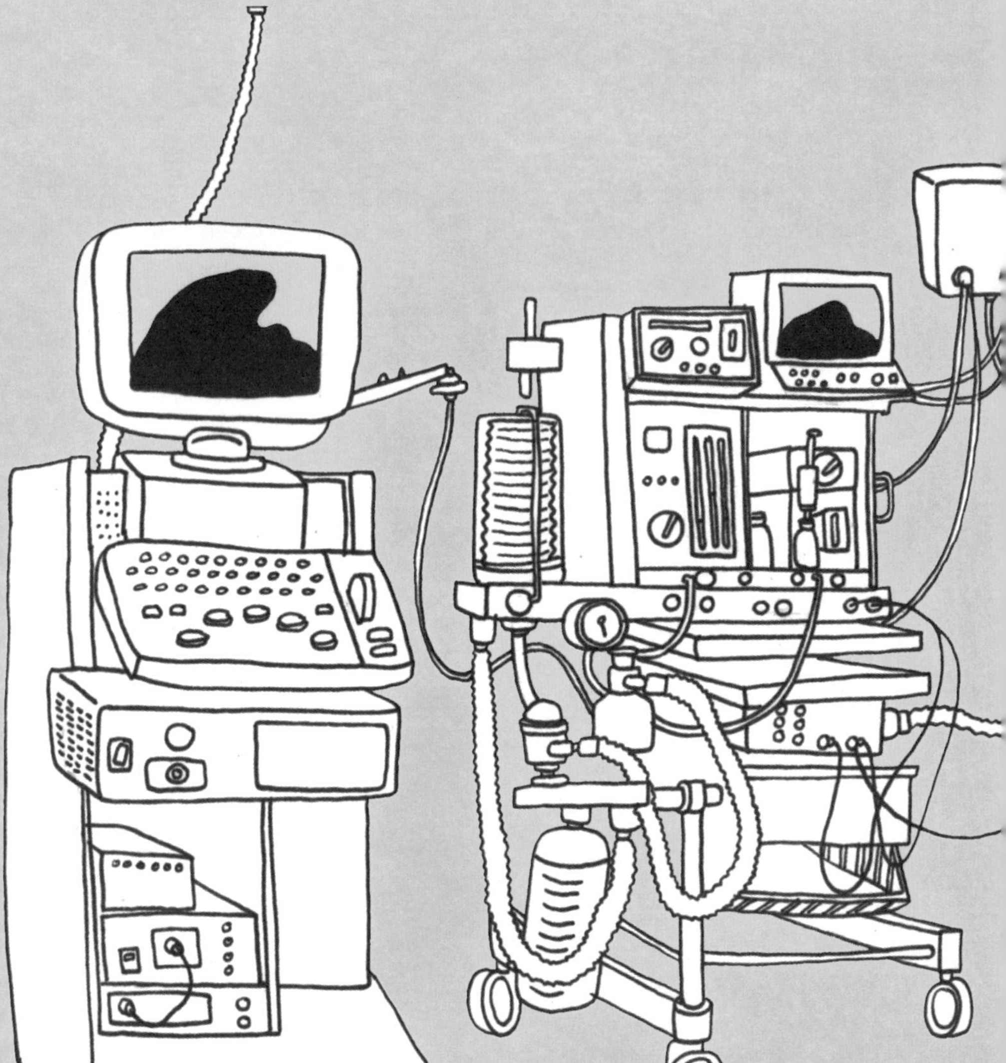

我們能藉由機器與藥物來維持
生命體徵，正因如此，

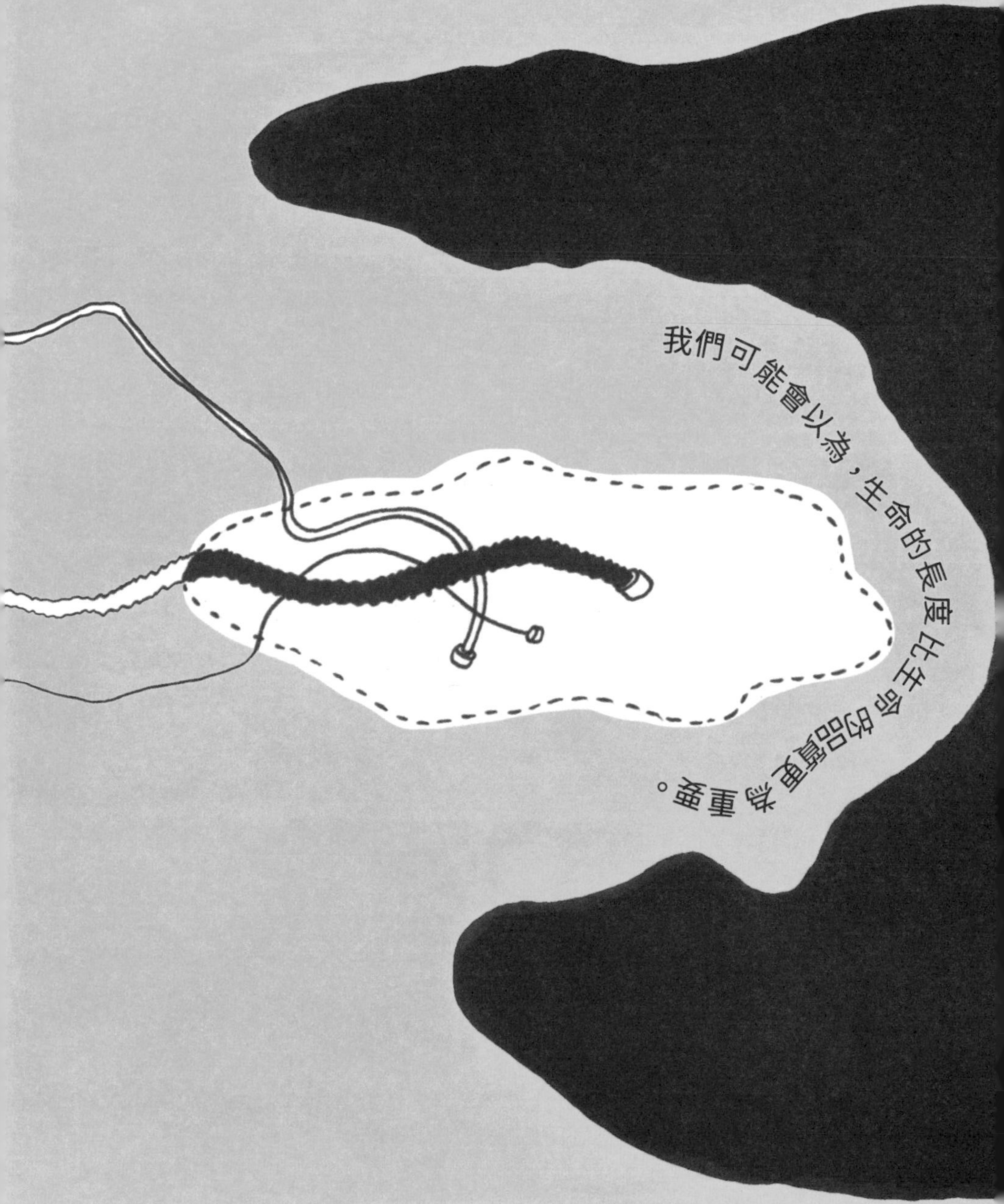
我們可能會以為，生命的長度比生命的品質更為重要。

假如死亡過程的延長充滿痛苦，那麼就讓我們在專業醫療的協助下擁有舒適的生活品質與死亡品質，這是現代社會正在逐漸接受的觀念。

為了避免絕症或年老導致的長期痛苦而選擇結束生命，那是面對死亡時的一種極端選項，並不代表想要死亡或是渴望死亡，而是在某種特定的情境下，讓垂死之人的死亡自主權極大化。

我們什麼時候才會知道自己已經準備好了呢？

當我們希望某人留下來時，

又該如何尊重他們已決的心意呢？

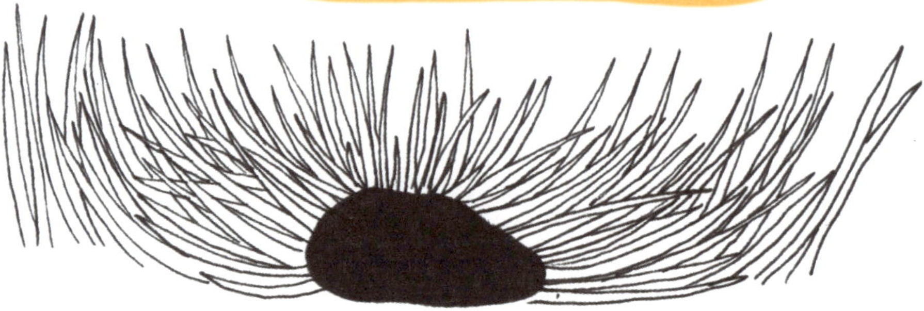

也許這就是時機已到的信任與直覺。

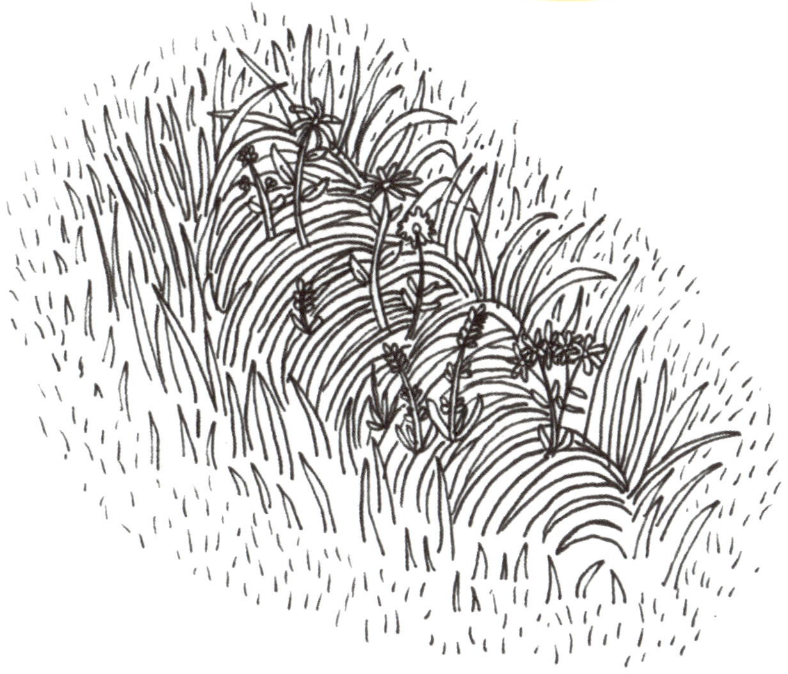

當然，不是每個人都有機會在支持與關懷中死亡。

有些人的生命則是在外力介入下遭到了剝奪，他們完全不能選擇死亡時的條件。

當然，無預警地
失去親人，迫使
我們直接面對
死亡帶來的
無力感。他
們完全不能
選擇死亡時
的條件。

有些死因來自意外，有些則來自蓄謀、暴力或仇恨。當我們同時面對內心憤怒以及需要自我療癒的死亡原因時，該如何取得情緒的平衡呢？

有些人的死亡讓人難以釋懷，甚至可能永遠無法釋懷。

談論及思考死亡這件事本身並不會讓死亡變得更容易接受，也不代表不會帶來傷痛。

我們身邊的人都會變成我們的一部分。這些人會被儲存在我們神經網路的加密記憶之中，甚至在他們死亡之後都還繼續存在著。當這些人過世之後，他們依舊是我們身體的一部分。

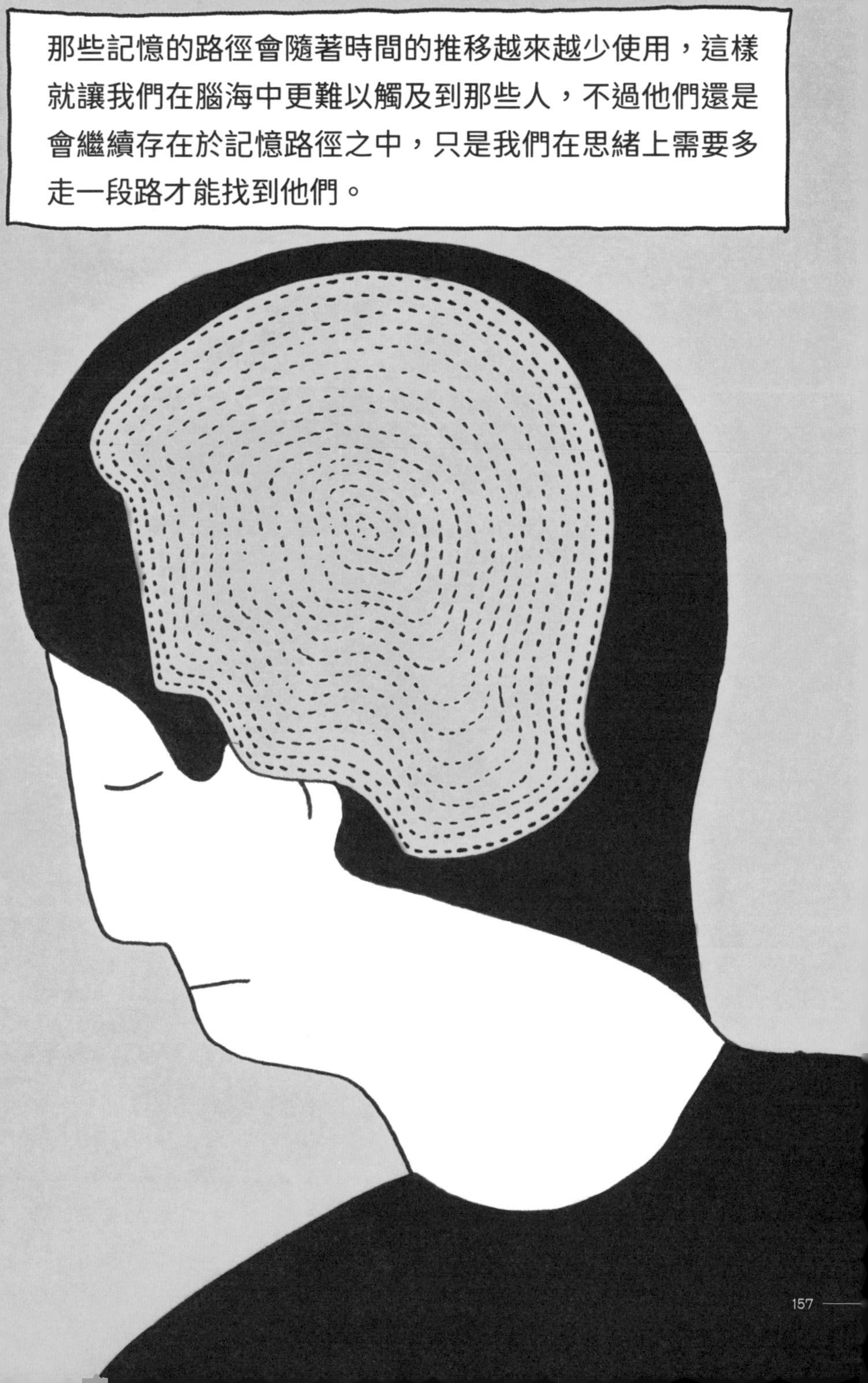
那些記憶的路徑會隨著時間的推移越來越少使用，這樣就讓我們在腦海中更難以觸及到那些人，不過他們還是會繼續存在於記憶路徑之中，只是我們在思緒上需要多走一段路才能找到他們。

當我們付出時間從事自己熱愛的事情，那麼這段時間就會變得很有意義，因為我們可以投入的時間是有限的。

如果我們與朋友、家人、摯愛或寵物相處的時間是無限的，那麼我們還會覺得這些時光如此特別或重要嗎？假如時間沒有了稀缺性，這些曾經為我們帶來喜悅與意義的事物會不會就此變得無趣了呢？

我們活著的時候，需要什麼
才能有所成就呢？

當我們在未來面臨抉擇時，
像是治療重症、為年長者尋
求照護或接受高風險的醫療
方式時，我們需要什麼，才
能讓活著有意義呢？

讀一本書？

找朋友談天？還是照顧
一隻寵物呢？

有什麼是我們活著的時候就能割捨的呢？

面對死亡與延長生命的討論時，我們往往不會去探討自己對生活的期望。

不施行心肺復甦術的指示及相關醫療決策——都是在說明我們不希望身體被對待的方式——不過我們卻不曾討論過什麼才是真正能讓生命感受到活力的必要條件。

假如我們不與他人分享自己真正的想法，那麼在面對自身或他人在臨終照護或醫療處置的抉擇時，我們都將面對資訊與理解的不足。

閉上雙眼，想像
自己的生命只
剩下一段確切
的時間——
比如說，
一年好了。

這段時間
你想怎麼
度過？

想像自己的生
命已經走到盡
頭了，這樣可以讓
我們看清，什麼對我們來說才
是真正具有意義或喜悅的。

#1

多數人都不想、也不渴望放下一切並過著任由想像主導的放肆生活——儘管這很可能是我們在想到生命苦短時會浮現的第一個念頭。然而，思考自己的死亡卻可以幫助我們發掘日常生活中那些值得用心發展的各個面向，讓我們得以活得更加充實，減少內心對死亡的畏懼。

準備好自己終將離去是一輩子的功課。準備好面對自己及他人都會離開是我們可以一起開始準備的過程——談論死亡的意義？活著的意義？我們如何影響彼此？以及什麼是圓滿人生不可或缺的事情呢？

我們死亡的時間將遠遠超過
我們活著的時間。

我們可以談論內心的恐懼與
哀傷，憤怒及焦慮。

死亡不是失敗。

死亡帶來哀傷、
恐懼，
以及愛。
理所當然，
也是必然。

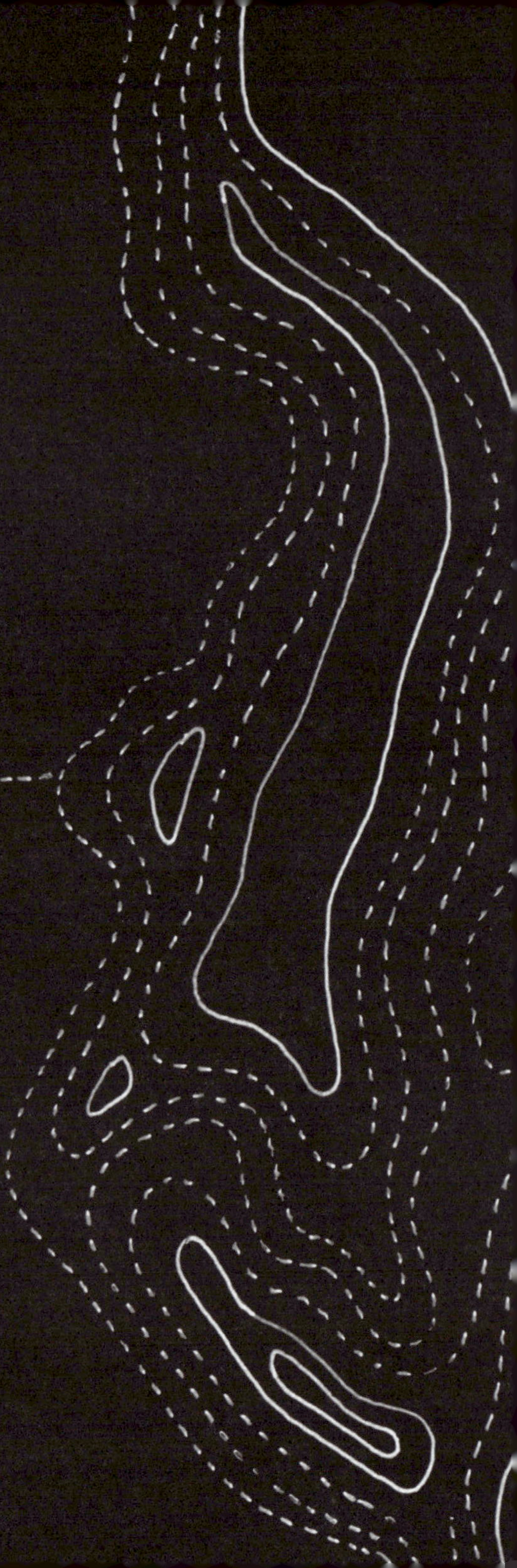

我們活著就是為了體驗生命。

我們得以呼吸、尋找喜悅、痛苦並體會愛，而這一切正是我們知道自己終將死去才能獲得的禮物。

生也死之徒，

死也生之始。

謝詞

感謝超級王牌經紀人凱特（KATE）讓這本關於死亡的書得以問世。感謝勞倫（LAUREN）協助，讓這本書的概念更加完整，又更能引起共鳴。感謝史黛拉（STELLA），謝謝妳在我擔憂死亡而哭泣時安慰我。感謝那些在創作過程中提供寶貴意見及看法的朋友們。感謝那些在地球形成過程中逝去的生命，以及那些因為人類傷害而殞落的靈魂。感謝所有走過人生悲歡離合、無論平靜離去或驟逝的人們，以及那些挺過失去至親傷痛的人們。我們都在一起面對生命的奧祕，將來也要一同面對死亡的奧祕。

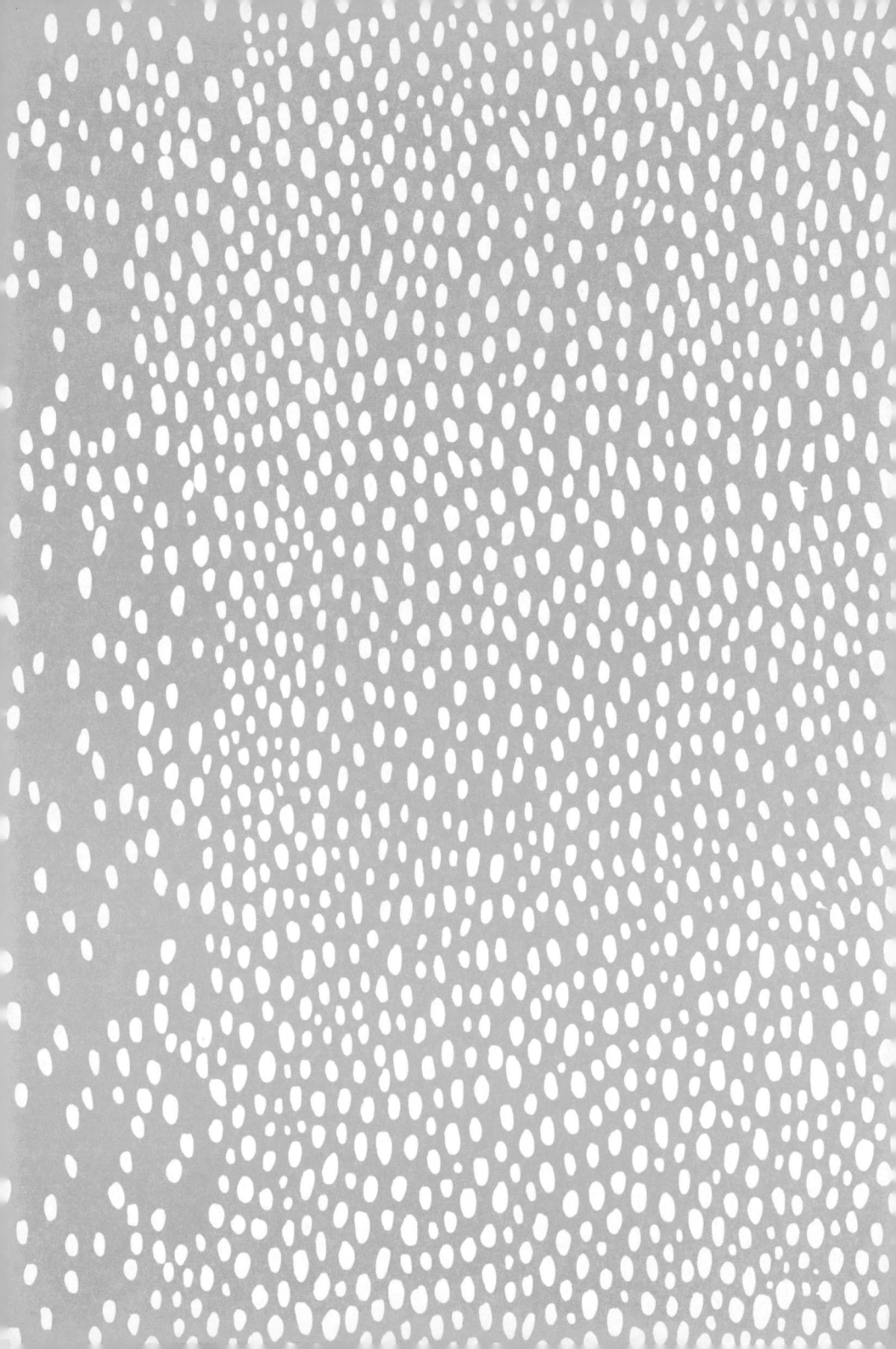